Coleção

Biblioteca

do Maçom

EDITORA MAÇÔNICA
A TROLHA

JOSÉ RONALDO VIEGA ALVES

Reflexões de um Bibliotecário Maçom

Editora Maçônica "A TROLHA" Ltda.
Rua Castro Alves, 835 – Jd. Shangri-lá A – Fone (43) 3337-1982
Fax (43) 3326-0915 – Cx. Postal 238
CEP 86001-970 – Londrina – PR

Londrina, novembro de 2012

EDITORA MAÇÔNICA "A TROLHA" LTDA.
Rua Castro Alves, 835 – Jd. Shangri-lá A
CEP 86070-670 – Londrina – PR
Cx. Postal 238 – CEP 86001-970
Fone (43) **3337-1982** – Fax (43) **3326-0915**
Site: www.atrolha.com.br
E-mail: redacao@atrolha.com.br

Coordenação Geral:
Conselho Editorial

1ª Edição:
2012

Tiragem:
1.600 exemplares

Projeto Gráfico e Diagramação:
Maristela Meneghetti

Capa:
Ulisses Candreva

Revisão:
Virgínia Cristina Audi Ayres

Impressão e acabamento:
Viena Gráfica & Editora

Obediência: *Grande Oriente do Rio Grande do Sul – COMAB*

Dados Internacionais de Catalogação na Publicação (CIP-Brasil)
CATALOGAÇÃO NA FONTE

A474r Alves, José Ronaldo Viega.
Reflexões de um Bibliotecário Maçom / José Ronaldo Viega Alves. – 1. ed. – Londrina: Ed. Maçônica "A TROLHA", 2012.
176p.; 14,21 cm. -- (Coleção Biblioteca do Maçom).

ISBN: 978-85-7252-307-3

1. Maçonaria – História. 2. Maçonaria – Simbologia. 3. Maçons – Bibliotecário – Gerenciador de informação. 4. Maçonaria – Lojas. 5. Bibliotecário – Consultor em informação. I. Título. II. Série.

CDD 366.1
CDU 061.236

Índices para catálogo sistemático:

1. Maçonaria – História
   061.236 (CDU)
2. Maçonaria – Simbologia
   061.236 (CDU)
3. Maçons – Bibliotecário – Gerenciador de informação
   061.236:023.4 (CDU)
4. Maçonaria – Lojas
   061.236 (CDU)
5. Bibliotecário – Consultor em informação
   023.4 (CDU)

Dedicatória

In Memoriam

Dedico este meu primeiro livro de temática maçônica à memória de pessoas que em vida foram muito virtuosas:

Avós paternos: Maria Emília Saffons Albuquerque Alves e Manoel Franco Alves.

Avós maternos: Amália Oliveira Viega e Adélio Viera Viega.

Sumário

Apresentação dos Editores

Preambularmente, queremos enaltecer o Irmão José Ronaldo Viega Alves, autor desta obra literária, resultado de sua exemplar dedicação no exercício das funções de Bibliotecário de sua Loja que, nos dias atuais, vão muito além de ser um simples "guardador de livros". Há que se enfatizar que este livro não trata da descrição da função de Bibliotecário Maçom, mas das reflexões sobre os temas que o tocaram quando responsável pela Biblioteca da Loja, demonstrando um excelente aproveitamento do tempo em busca do conhecimento e aprimoramento do saber.

O atributo primeiro de um Bibliotecário, além de zelar pela Biblioteca da Loja, é ser um bom leitor e bibliófilo; o segundo, é estar atento e aberto a todas as tendências literárias e fontes de informações. Passando a ser, portanto, um autêntico mediador entre a diversidade das obras literárias existentes com os Irmãos que buscam o conhecimento.

É comum, a título de instrução e treinamento dos Irmãos do Quadro, o rodízio na ocupação de Cargos em Loja de modo a promover o desenvolvimento pessoal de todos os Irmãos, o que proporciona naturalmente a expectativa na excelência da execução das tarefas e posteriores reflexões.

A exemplo disso, o Irmão Bibliotecário sai desta função preparado às demais atividades em Loja, se beneficiando do aprendizado que a seleção da compra e manuseio dos livros proporciona. Os empréstimos e indicações lhe acrescentam conhecimento agregado devido aos comentários dos que leem e suas ulteriores conclusões, gerando reflexões profundas.

Os temas discorridos neste livro do autor José Ronaldo Viega Alves, foram aqueles que mais o estimularam a refletir, que mais lhe deram prazer em se aprofundar e indicar aos Irmãos do Quadro de sua Loja.

Os Editores
Londrina, novembro, 2012.

A Maçonaria e a Influência Histórica e Simbólica da Ordem Rosacruz

A TÍTULO DE INTRODUÇÃO

O tema escolhido para este Trabalho não está cercado de ineditismo, no entanto, é um tema deveras cativante, pois, além de ter um conteúdo bastante extenso, normalmente acaba despertando enorme curiosidade nos leitores. Seguidamente surgem ângulos novos nas abordagens de parte dos estudiosos, e novas teorias vêm para se somarem às já existentes. De antemão, sabemos que o Rosacrucianismo é uma das influências mais poderosas que a nossa Ordem recebeu no transcorrer da sua história.

Para um primeiro contato com o assunto, escolho um dos nossos maiores estudiosos, José Castellani, que assim entendeu essa influência:

> *A Maçonaria incorporou, em larga escala, o simbolismo dos rosacruzes, herdeiros dos alquimistas, modificando um pouco o seu significado e reduzindo-os a termos mais reais; assim, o segredo da imortalidade material tornou--se para os Maçons a imortalidade da alma e do espírito humano, enquanto é aceito o princípio da regeneração*

universal em termos mais racionais, ou seja, de que a regeneração só pode ocorrer através do aperfeiçoamento contínuo do homem e através da constante investigação da Verdade. O misticismo dos símbolos rosacruzes, todavia, foi mantido, pois, convém repetir, embora a Maçonaria não seja uma Ordem mística, ela, para divulgar a sua mensagem de reformadora social, utiliza-se dos misticismos de diversas civilizações e correntes filosóficas metafísicas.

Prosseguindo nas pesquisas referentes, foi possível descobrir o que o mesmo Castellani já havia se manifestado em outra ocasião sobre o assunto, e no seu livro "Consultório Maçônico IX", respondendo à seguinte pergunta que um Irmão lhe dirigiu:

> *Teria a Rosacruz nascido, realmente, da Maçonaria? Já questionei a Ordem a esse respeito e a resposta foi de que a Maçonaria é a prima-irmã da Ordem R+C.*

A resposta na íntegra dada por Castellani não irei reproduzir aqui, mas pelas passagens que escolhi dá para compreender perfeitamente o quanto ele foi claro e incisivo. Vejamos a sua resposta:

> *(...) Quem criou essa falsidade histórica foi H. Spencer Lewis, que afirma que a instituição remontaria à época do faraó Amenófis IV, que seria conhecido como Akenáton e que implantou o culto monoteísta do disco solar (Áton). A R+C surgiu mesmo no século XVII. O Rosacrucianismo é um sincretismo de diversas correntes filosófico-religiosas: hermetismo egípcio, cabalismo judaico, gnosticismo cristão, alquimia etc. A primeira menção histórica da sociedade data de 1614, quando surgiu o famoso documento "Fama Fraternitatis", com o intuito de contar sobre as viagens fantásticas do alemão Christian Rosenkreuz pela Arábia, Egito e Marrocos, onde teria adquirido sua sabedoria secreta. Mas foi Johann Valentin Andréa, neto*

do teólogo luterano Jacob Andréa e também teólogo, que divulgou o Rosacrucianismo, através de seu romance satírico "O Casamento Alquímico de Christian Rosenkreuz", que combatia, jocosamente, os alquimistas e as ligas secretas, numa época que, em geral, era de desorientação, com o ar cheio de rumores e com a velha ordem religiosa desagregando-se. (...) Quanto à última parte da questão: nem a R+C nasceu da Maçonaria e nem o inverso. São instituições totalmente separadas, com origens completamente distintas. E sem essa de primas-irmãs! Enquanto a moderna Maçonaria é uma construtora social, atuando no terreno político-social, a R+C é uma instituição mística. Lamentavelmente, as Lojas Maçônicas também estão cheias de místicos contemplativos, que não reconhecem a finalidade social da Maçonaria, virando as costas aos ideais que nortearam a sua criação e olvidando a memória histórica da Ordem.

UM POUCO MAIS DA HISTÓRIA DA ROSACRUZ

Existe um período na história da humanidade, onde floresceram muitas sociedades secretas, e esse período vai do séc. XV ao XVII. A maioria dessas sociedades secretas possuía tendências humanistas, pansofistas (ligadas ao ensino da sabedoria) e deístas. A Rosacruz teve sua origem em um grupo de iluminados protestantes da Alemanha, e tudo começou mesmo com uma série de publicações anônimas, ou manifestos. Primeiro foi o manuscrito "Fama Fraternitatis Rosae Crucis", que teve depois atribuída a sua autoria ao teólogo luterano Johannes Valentin Andrea (1586-1654). Dois mais vieram à luz, do mesmo autor, um em 1615 "Confessio Fraternitatis Rosae Crucis ad Eruditus Europae" e, em 1616, o "Die Chymische Hochzeit Christian Rosenkreutz". Esse autor credita a origem e o nome ao seu fundador fictício, Christian Rosenkreutz, supostamente nascido em 1378, que havia viajado ao Oriente, na condição de peregrino, onde teria se encontrado com os sábios daquela época, convicto de que pelo fato do Catolicismo não ser tão forte naquela parte de mundo, havia muito a ser recolhido por lá em termos de sabedoria. Quando voltou à Alemanha, reuniu sete sábios e fundou a Fraternidade Rosacruz. Depois de muitos anos ensinando e proporcionando Graus de iniciação mística a um círculo selecionado de amigos, esse mesmo círculo fez construir um Templo onde ali se instalaram. A partir dali, vieram outros mais. Depois da morte de Christian Rosenkreutz, seu corpo foi embalsamado e guardado numa cripta, que depois de fechada ostentou em sua porta uma placa de bronze contendo gravada a profecia de autoria do próprio, onde constava que 120 anos após a sua morte o túmulo seria aberto e as suas doutrinas, em forma modificada, viriam a ser reveladas para as pessoas instruídas em geral. Somente em 1584, a cripta foi descoberta, já que, depois desse tempo todo seu círculo de amigos íntimos também já havia se extinguido. O movimento acabou estendendo-se para a Inglaterra e outros países, e tomou vastas proporções, o que de uma certa forma assustou um pouco a Johannes Valentin Andrea, pois resolveu frear um pouco essa dispersão, declarando que ele era o autor dos escritos, e que seu propósito maior no livro tinha sido o de ridicularizar a mania do maravilhoso, tão presente nas correntes filosófico-religiosas da época. Tarde demais, as pessoas não haviam encarado dessa forma, e a ideia de uma Ordem que parecia ainda um tanto abstrata, acabara sendo recebida como algo que possuía uma existência muito concreta. Tempos depois, os historiadores pertencentes à Fraternidade vieram defender uma origem bem mais antiga, que remontava aos cultos dos faraós, algo como 1350 anos a.C., no Egito Antigo. A explicação para a lacuna existente entre esse período e a sua aparição posterior, é que ela tinha ficado secreta, ou adormecida. Tais escritos continham várias propostas, dentre elas a renovação da Igreja, do Estado e da sociedade de um modo geral. Afirmavam que a doutrina de Jesus era direcionada a uma minoria, e que as igrejas teriam escondido ou simplesmente ignorado a mesma, e que os seus únicos depositários seriam os rosacruzes. Dando grande importância à Astrologia, diziam que ela permitia aos seus membros que dispusessem de certos poderes. Seus pares eram considerados como "Irmãos Cósmicos". A verdade é que tais escritos foram dados por muitos dos entendidos como uma grande mistificação, assim como a afirmativa de que são herdeiros da sabedoria do antigo Egito. A Rosacruz alemã em nossos dias atuais tem como um dos pilares da sua crença, o dito de que desde a queda do pecado original, o homem vem passando por reencarnações, o que significa dizer também que um mesmo indivíduo será contemplado com uma pluralidade de vidas sucessivas. A Rosacruz rejeita as igrejas, abriga em seu seio um misto de alquimia, gnose, cabala e espiritismo, e possui evidentemente algumas ligações com a Maçonaria, particularmente no terreno do simbolismo.

ESPECULAÇÕES SOBRE AS PROVÁVEIS ORIGENS DA INFLUÊNCIA ROSACRUZ

Conforme o Irmão Antonio Rocha Fadista, em seu estudo intitulado "As Origens da Maçonaria Especulativa":

> *(...) é bastante razoável admitir que, durante o séc. XVII tenha sido constituída uma* ***fraternidade oculta*** *dentro da corporação profissional. Os seus membros ditos* ***Aceitos****, seriam os efetivos possuidores do esoterismo e de boa parte da ritualidade que nos é hoje conhecida. Os membros desta nova fraternidade foram gradativamente assumindo a sua condição maçônica em relação ao público externo, a partir da segunda metade do mesmo século. A partir deste ponto, devemos pesquisar a origem deste novo grupo, a data de sua constituição, o seu conteúdo*

filosófico e esotérico, os seus fundadores, e o motivo pelo qual decidiram ocultarem-se dentro da corporação dos construtores.

Todos os pesquisadores concordam em que o esoterismo maçônico com a sua tradução e Rituais, Símbolos e Ensinamentos, é uma criação desenvolvida ao longo de algumas dezenas de anos, e é obra dos **Especulativos.** *Quem seriam então os homens que possuíam este tipo de conhecimento? Sem dúvida, eram homens de condição social média alta, pertencentes à burguesia iluminada e que nos dias de hoje poderiam ser chamados de "liberais". Eram pesquisadores e estudiosos das culturas da Antiguidade, colecionadores de manuscritos e livros raros. Muitos eram membros da Sociedade Real. (...) Uma característica muito importante são as relações que muitos deles tinham com os sobreviventes do movimento Rosacruz da Alemanha, que se refugiaram na Inglaterra depois da dissolução do reino da Boêmia, em 1619. Os primeiros documentos que atestam a existência dos Aceitos são datados de dois anos depois, isto é, 1621. Deve-se notar que a Inglaterra era, na Europa, o único país que os colocaria a salvo dos processos e dos autos de fé da Inquisição Católica. Apesar da relativa segurança, a situação na Inglaterra estava em transição e ainda era bastante perigosa a divulgação dos conhecimentos esotéricos, filosóficos e sociais que os havia inspirado. Nestas condições, era altamente atraente a oportunidade de se ocultarem dentro de uma organização que permitisse manter o ensino não ortodoxo, bem como a sua transmissão de modo velado. (...) Assim, nada melhor para assegurar a continuidade da transmissão velada deste conhecimento do que a utilização de uma corporação de ofício em declínio e de fácil utilização. Deste modo, a* *mensagem rosacruz foi introduzida na corporação dos Maçons ingleses, com a criação de Rituais que asseguraram a sua sobrevivência e sua transmissão futura.*

Este texto bastante elucidativo do Irmão Antonio Rocha Fadista vem para responder a uma questão que ele mesmo se colocou anteriormente, que era sobre o fato de não existir nenhum documento da Idade Média que fizesse menção a ensinamentos esotéricos, ou algum outro tipo de segredo esotérico, e que justificasse o misticismo presente na Maçonaria a partir do momento em que passou a ser Especulativa. Óbvio que as colocações de Fadista já introduzem-nos direto na Especulativa, sem que fiquemos sabendo exatamente quem foram os precursores ou os mais envolvidos nesta transição, onde também a aceitação do misticismo e do simbolismo rosacruz. Além da influência cristã, nos documentos antigos da Ordem, com invocações e pedidos de proteção, nada mais foi encontrado, ou seja, a influência do esoterismo com todos os seus desdobramentos somente se fizeram notar com certeza a partir do momento aquele do ingresso na Ordem dos que foram chamados de Aceitos. Ainda, para encerrar este capítulo, cabe uma outra colocação do Irmão Antonio Rocha Fadista, muito pertinente:

> *Devemos ainda lembrar que a definição de Deus como Grande Arquiteto do Universo não é, como se poderia pensar, de origem maçônica, mas sim de origem alquímica-rosacruz. L'Andrea, conhecido por ter divulgado os Manifestos Rosacruzes em Londres, já usa esta expressão em um trabalho de 1623. Portanto, muito antes do desenvolvimento dos Rituais Maçônicos.*

SOBRE ALGUNS PERSONAGENS

No dizer do Irmão Derly Halfeld Alves,

Algumas figuras ilustres, conhecidas no meio maçônico, como o filósofo inglês Francis Bacon, Elias Ashmole e o alemão Carl Von Grasshof, depois conhecido por Max Heindel, que escreveu o texto sob o título "Cosmo-Concepção-Rosacruz", foram Iniciados na Ordem.

O que desperta a nossa atenção, é como circula por aí todo o tipo de "verdades", basta ver o que vem a seguir. No seu texto, o Irmão Derly Halfeld Alves faz a citação de duas passagens de um artigo publicado na revista Planeta, de março de 1974, onde o escritor Clayton Matthews diz o seguinte sobre os Rosacruzes nas suas ligações com a Maçonaria:

Cem anos depois de sua fundação, a Ordem dos Rosacruzes sofreu muitos ataques por parte dos Maçons, e isto não apenas corrompeu o que havia de genuíno na seita, como introduziu nela os usos e costumes daqueles que ridicularizavam a fraternidade.

E mais adiante:

O culto Rosacruz moderno emancipou-se claramente de sua influência maçônica.

No decorrer do que vem a ser o período de transição da Maçonaria Operativa para a Maçonaria Especulativa, surgem nesse palco outros tantos personagens que também podem ter contribuído para as ligações entre o Rosacrucianismo e a Maçonaria. Um personagem dos mais enigmáticos é Robert Fludd, médico, filósofo e escritor que pode ter sido Maçom, já que a poucos metros da sua casa havia um Templo Maçônico. Nos escritos que deixou notam-se as antigas doutrinas rosacrucianas. Introduziu na Inglaterra a filosofia natural e a teosofia de Paracelso e de Cornélio Agripa. A. E. Waite é um dos que se perguntaram se Fludd não teria sido um dos responsáveis pela introdução do Rosacrucianismo na Maçonaria, embora seja extremamente difícil determinar onde e quando esse tipo de coisa ocorreu pela primeira vez. Um outro personagem que merece destaque é o educador Jan Amos Comenius, onde na visão de alguns historiadores da Rosacruz ele é um dos responsáveis pela origem dos ideais de fraternidade e democracia dentro da Maçonaria anglo-saxã. Comenius foi uma espécie de mediador entre o pensamento rosacruciano de J. Valentin Andréa, o Círculo de Tubingen (porque se reuniam na Universidade de Tubingen na Alemanha) e os homens que patrocinaram o nascimento da Maçonaria Especulativa na Inglaterra anteriormente à fundação da Grande Loja de Londres. De um modo geral, para a perspectiva teórica de Robert Vanloo e de Hans Schick pode muito bem ter sido Comenius o elo entre o pensamento rosacruciano de J. V. Andrea, a ideologia rosacruz autêntica e a Maçonaria inglesa. Além do mais, neste cenário que envolve os personagens que tiveram uma atuação mais destacada, é importante falarmos que dois deles, dois dos primeiros Maçons especulativos tiveram grande interesse pela Rosacruz, Sir Robert Moray (1600-1675) e Elias Ashmole (1617-1692). Há indícios fortes de que por intermédio de Elias Ashmole a corrente rosacruciana se instalou na Maçonaria, o que teria muito a ver com o valor iniciático do 18º Grau da Franco-Maçonaria da atualidade. Na realidade, alguns Graus nasceram em meio ao universo aquele, onde os Rosacruzes e outros ritos herméticos e alquímicos deitavam influências. Em meio a uma profusão de doutrinas místicas e esotéricas que grassavam, ficou muito difícil para os historiadores abarcar as ligações todas, ou saber entre quais delas foram trocadas informações num ritmo mais intenso. Fundamentalmente alguns grupos como a Cruz Áurea e a Rosacruz nasceram num ambiente que era alheio ao da Maçonaria, mas através de contatos posteriores, principalmente com Maçons, fez com que até acabassem por adotar uma estrutura um tanto maçônica. Um deles especialmente, o que tomou o nome de **A Áurea e Rosacruz do Antigo Sistema** assumiu de vez uma estrutura maçônica bastante rígida e chegou a compor nove altos Graus. Muitos foram os Maçons recrutados, especificamente os interessados em Alquimia, Cabala e Cristianismo Esotérico. Esse grupo acabou desaparecendo nove anos após a sua criação. Aproximadamente, no mesmo período, na França, um Maçom chamado Tschoudy criou um novo conjunto de Graus, progressivamente integrado em outros sistemas maçônicos, e que se pode ver no R∴ E∴ A∴ A∴ da atualidade.

O SIMBOLISMO DA ROSA, DA CRUZ, E O GRAU 18 DO R∴ E∴ A∴ A∴

Robert Fludd, a quem já nos referimos no capítulo anterior, menciona que o nome da Ordem está ligado por uma alusão feita ao sangue de Cristo na cruz. A ideia mística da rosa em associação com ao que esta imagem pode remeter ou fazer lembrar sobre o vermelho do sangue e os espinhos que provocam o seu derramamento, contém certamente um grande poder de sedução. Diz-se que os rosacruzes da atualidade interpretam de forma mais mística a cruz e a rosa: a cruz teria a ver com a parte material do ser humano e a rosa com a força espiritual que emana no seu ser. Evidentemente, existem outras considerações com respeito às interpretações sobre a rosa e a cruz, basta dizer em primeira instância que a rosa era uma flor iniciática para muitas ordens religiosas, sem falar também que representaria o feminino, ao contrário da cruz que representaria o masculino. Nesse contexto que era a Idade Média, os Maçons e os rosacruzes encontraram-se inúmeras vezes certamente, e o fato da Maçonaria Operativa já estar em processo de decadência acentuou a abertura para as influências estranhas à pura e simples arte de construir. Filósofos, hermetistas, cabalistas, alquimistas, rosacruzes e todos aqueles que tinham uma filosofia ou linguagem simbólica próxima dos Maçons acabaram sendo aceitos naturalmente. No caso específico da Ordem Rosacruz, ela já trazia em seu âmago os alquimistas. Um fato histórico que veio contribuir decisivamente para esse incremento, é que o Imperador José II da Alemanha, havia proibido todas as sociedades secretas de funcionamento, salvo a Maçonaria, o que automaticamente facilitou a migração dos rosacruzes para as Lojas Maçônicas. Nesse incorporar da simbologia dos rosacruzes à Maçonaria, a partir do séc. XVIII, e onde se formaram muitos Ritos Maçônicos que receberam parte desse simbolismo, um Grau específico do R∴ E∴ A∴ A∴ levou a marca dessa influência e desse simbolismo, o Grau 18, o "Cavaleiro Rosacruz" que possui como símbolo uma rosa sobreposta à cruz, significando o sacrifício e o segredo da imortalidade, além de fazer alusão ao esoterismo cristão com a ressurreição de Jesus Cristo. Na realidade os Símbolos do 18º Grau são três: o Pelicano, a Rosa e a Cruz. O Cavaleiro Rosacruz deve fazer o exercício da Caridade, deve evitar o surgimento de questões pessoais entre os Irmãos e deve cuidar de preservar a Liberdade, a Igualdade e a Fraternidade.

Em uma contribuição do Irmão Sérgio Quirino Guimarães à revista "O Pesquisador Maçônico" ele diz que:

> *O Grau de Cavaleiro Rosacruz corresponde ao Grau 18 do R∴ E∴ A∴ A∴, e se bem que incorpore um ativo, elevado e enérgico simbolismo, não inclui, ao contrário do que alguns cogitam, a filosofia e princípios privativos da Ordem Rosacruz Amorc ou de qualquer outra organização com nome semelhante. O Grau Maçônico Rosacruz, concedido nas Iniciações e preleções superiores da Ordem Maçônica, não trata das expressões ou interpretações da Rosacruz conforme a Tradição de outras Ordens.* (O Irmão é membro das duas Ordens.)

CONCLUSÕES

Não haveria como desvincular totalmente a Maçonaria do

Rosacrucianismo em termos de influências recíprocas, devem ser guardados os exageros de uma ou outra parte no tocante à antiguidade, a quem influiu mais, ou quem possa estar em definitivo com a verdade. E a verdade nesse caso é uma só, há singularidades entre as duas, há influências mútuas, e talvez tenha havido pontes bem maiores entre uma e outra em tempos passados. Por exemplo, o sincretismo esse de que as duas receberam de outras tantas correntes místico-filosóficas. As pesquisas podem apontar novas descobertas, principalmente em documentos antigos. A Ordem Rosacruz ministra os seus ensinamentos da maneira que o estudante optar, sendo que a maioria estuda em sua própria casa. Já a Maçonaria restringe os seus ensinamentos, somente divulgados no interior das suas Lojas. As Iniciações em ambas as Ordens atendem a uma fórmula que guarda semelhanças, ou seja, causa uma forte impressão no Iniciado buscando a sua reflexão, para que assuma o compromisso do segredo, do trabalhar o seu interior na busca do aperfeiçoamento contínuo nos campos moral, intelectual e espiritual, além de trabalhar paralelamente para atingir os objetivos da sua Instituição, tudo isso sob o pano de fundo da busca incessante da verdade. Transformação e alquimia interior, não são os objetivos das duas? Um outro ponto em comum: defendem a fraternidade universal entre todos os homens. No terreno simbólico, são muitos os símbolos em comum, ou pelo menos similares, seja naqueles que se espalham pelos interiores dos Templos pertencentes às duas Ordens, seja os pontos cardeais, a linha imaginária, a caminhada no sentido horário, seja na Astrologia e na Alquimia de tão grande importância para ambas. É possível que haja mais semelhanças e nem tantas diferenças, pois as duas são iniciáticas. O fato inconteste mesmo, é que a Ordem Rosacruz é muito mais mística, mas não foi essa mesma a grande influência que ela passou para a Maçonaria?

REFERÊNCIAS BIBLIOGRÁFICAS

Livros

ALVES, Derly Halfeld. *Peças de Arquitetura*. Londrina: "A TROLHA", 2008.

CASTELLANI, José. *As Origens Históricas da Mística Maçônica*. Landmark, 2004.

______. *Consultório Maçônico – IX*. Londrina: "A TROLHA", 2004.

FADISTA, Antonio Rocha. *As Origens da Maçonaria Especulativa*. In: INBRAPEM VOL. 3. Londrina: "A TROLHA", 2002.

HAAG, Toni Luiz. A Influência do Rosacrucianismo na Maçonaria. In: A TROLHA. **Coletânea** 7. Londrina: "A TROLHA", 2005.

ZILLES, Urbano. *RELIGIÕES Crenças e Crendices*. EDIPUCRS, 2002.

Revistas

O PESQUISADOR MAÇÔNICO – Nº 3, 2011.

UNIVERSO MAÇÔNICO – Nº 4, 2008.

Internet:

LEANDRO, César. *A Maçonaria e a Ordem Rosacruz*. Disponível em: <www.formadoresdeopiniao.com.br/index.php...a-maconaria...Temp/...>.

Ordem Rosacruz – Disponível em: <www.pt.br.bibliotecamarista.wikia.com/wiki/ordem-Rosa-Cruz>.

Do Rosacrucianismo e da Maçonaria Especulativa. Disponível em: <www.rosacruzes.blogspot.com/.../do-Rosacrucianismo-e-da-maconaria.html>.

Rosacruz, a Linhagem Maçônica. Disponível em: <www.o.krc.org/índex.php?option=com-content&view...Ttemid...>

A Maçonaria e o Princípio Criador: do Deus Bíblico ao Grande Arquiteo do Universo

O mundo de D'us é sagrado, e entre as terras sagradas deste mundo a mais sagrada é a terra de Israel. Na terra de Israel, a cidade mais sagrada é Jerusalém. Em Jerusalém, o lugar mais sagrado era o Templo, e no Templo o lugar mais sagrado era o Sagrado dos Sagrados.

Há setenta povos neste mundo. Entre estes povos está o povo de Israel. A mais sagrada das tribos de Israel é a tribo de Levi. Dentre as pessoas desta tribo, as mais sagradas são os sacerdotes. Entre os sacerdotes, o mais sagrado era o Sumo Sacerdote. Há 345 dias no ano (lunar). Dentre estes, as festividades são mais sagradas. Entre estas festividades o dia de sábado é o mais sagrado. Entre os sábados, o Iom Kipur, o sábado dos sábados, é o mais sagrado.

Existem setenta línguas neste mundo. Entre elas a mais sagrada é o hebraico. Em hebraico nada é mais sagrado do que a Torá. Da Torá o mais sagrado dos textos são *os Dez Mandamentos. Nos Dez Mandamentos a mais sagrada de todas as palavras é o Nome de D'us. Todos estes elementos mais sagrados estavam reunidos no dia do Kipur. No sagrado dos sagrados lugares, o Sanctum Sanctorum; o sagrado dos sagrados indivíduos, o Sumo Sacerdote que pronunciava a sagrada das sagradas palavras, o Nome Divino. Todo lugar onde um ser humano 'erguer seus olhos para os céus' é o Sanctum Sanctorum. Todo ser humano, tendo sido criado à imagem do Criador, é um Sumo Sacerdote. Todo dia, ou todo o momento, de um ser humano é um Iom Kipur. E toda palavra que é dita com perfeita sinceridade é o Nome de D'us. (*Saul An-Ski – Teatrólogo russo em sua obra, "O Dibbuk".)

AS "OLD CHARGES"

No Ritual e Instruções do Grau de Aprendiz Maçom do R.·. E.·. A.·. A.·., na página intitulada Preâmbulo da Maçonaria, encabeçando a lista dos princípios fundamentais da mesma, consta o que transponho a seguir:

> *1 – A Maçonaria proclama, como sempre proclamou desde sua origem, a existência de um Princípio Criador, sob a denominação de GRANDE ARQUITETO DO UNIVERSO.*

Buscando saber como se apresenta o conceito propriamente filosófico que corresponde à noção de Deus, e que pudemos ver já tangenciado no citado Preâmbulo, o mesmo pode ser definido, também, como o princípio único e supremo de tudo o que é existente, de toda causalidade e de toda finalidade. No conceito abarcado pela Maçonaria, resta saber de toda uma associação de ideias, que procuraremos aqui trazer ao conhecimento de todos aqueles que nutrem especial interesse por esse assunto que remete um pouco às noções de Filosofia e Religião, todos os dois, muito caros à Maçonaria. Daremos início então, não sem antes falarmos ligeiramente sobre a origem da Maçonaria, e até mesmo para situarmo-nos melhor. Não queremos aqui, correr o risco de resvalar para discussões inúteis, ou envolvermo-nos em meras suposições, pois determinados períodos da sua história se ressentem de uma quantidade substancial de documentos, o que inviabilizaria muitas das comprovações do que possa ser dito aqui. Por uma questão de bom-senso, atentemos para a seguinte regra: a história se faz exclusivamente com documentos autênticos em mãos. Diante dessa assertiva, que procuraremos respeitar na íntegra, estabeleço como ponto de partida para o presente ensaio, no que tange às origens da nossa Instituição, o Período Operativo, e na medida do possível sempre que possamos contar com a existência de documentos que avalizem o que entendermos como informações importantes. Agora, e a título de exemplo, contaremos com amostragens textuais provenientes de documentos que em tempos mais modernos ganharam a denominação genérica de OLD CHARGES, ou ANTIGOS DEVERES, ou ainda ANTIGAS OBRIGAÇÕES, e que são anteriores a 1717, portanto, pertencentes à fase da Maçonaria Operativa.

É quase uma unanimidade aceitar como a mais provável origem da Maçonaria, ela ter nascido no seio das antigas corporações de pedreiros que construíam as igrejas e as catedrais, e que a mesma esteve neste período sob a influência inquestionável da Igreja Medieval. Não estamos com isso anulando totalmente quaisquer resquícios anteriores, mas procurando embasar-nos no que está deveras documentado. Podemos naturalmente afirmar que a Maçonaria tem sua pedra angular erguida num primeiro momento em terreno católico. Assim posto, daí podemos deduzir também que o primeiro conceito de Deus a ser proclamado pela Maçonaria foi, nada mais, nada menos, o conceito que a Igreja ensinava na época. Podemos saber dos pensamentos que vigoravam na ocasião sobre a concepção existencial de Deus, ou sobre o tratamento que Lhe foi dispensado nesse período, através de trechos que retiramos das OLD CHARGES. Não seria errado dizermos também que esses pergaminhos eram a "Constituição" dos Maçons construtores. Tais documentos obedeciam a uma disposição que compreendiam os ditos regulamentos na forma de artigos, normalmente precedidos de uma parte que remete à história, aqui entendida como lendas que continham estrita relação com a Maçonaria. Também estes tipos de documentos costumavam conter, em seu corpo, noções de arquitetura, de Geometria, além de narrações de conteúdos hagiográficos (a Hagiografia é a ciência que se relaciona com as coisas sagradas; biografia de santos). Para esta pesquisa que tem, digamos, um viés teológico, iremos então ater-nos a uma amostragem das linhas inaugurais de vários desses documentos, os mais importantes claro, para demonstrarmos assim, como era que os construtores se referiam ou se relacionavam para com Deus. Listaremos, em primeiro lugar, o nome com que o documento ficou conhecido e após pequenas notas introdutórias que nos facilitem perceber as citações e invocações ali contidas referentes a Deus.

MANUSCRITO COOKE – 1410

Uma oração que o antecede, começa assim:

AGRADECIDO SEJA DEUS NOSSO PAI GLORIOSO E FUNDADOR E FORMADOR DOS CÉUS E DE TODAS AS COISAS QUE NELE ESTÃO...

ESTATUTO DOS TRABALHADORES DE PEDRA DE RATISBONA – 1459

Começa com a invocação a seguir:

EM NOME DO PAI, DO FILHO, DO ESPÍRITO SANTO, DA BEM-AVENTURADA VIRGEM MARIA, COMO, TAMBÉM, DE SEUS BEM-AVENTURADOS SERVOS, OS QUATRO SANTOS COROADOS, À SUA ETERNA MEMÓRIA.

CONSTITUIÇÃO DE YORK – 926

Diz assim no seu preâmbulo:

QUE A ONIPOTÊNCIA DE DEUS ETERNO, PAI E CRIADOR DO CÉU E DA TERRA, A SABEDORIA DO SEU VERBO E A INFLUÊNCIA DO ESPÍRITO POR ELE ENVIADO, ESTEJAM CONOSCO E COM OS NOSSOS TRABALHOS E NOS CONCEDAM A GRAÇA DE NOS CONDUZIR, DE MODO A MERECER A SUA PROTEÇÃO NESTA VIDA E A VIDA ETERNA NA OUTRA, DEPOIS DA NOSSA MORTE.

Ainda sobre a Constituição de York, torna-se importante também que façamos a citação das LEIS E OBRIGAÇÕES PRESCRITAS AOS MAÇONS PELO PRÍNCIPE EDWIN, e até para respeitar também a uma certa ordem que foi disposta pelo pesquisador Valério Alberton, em sua espetacular obra "O Conceito de Deus na Maçonaria":

1º) VOSSO PRIMEIRO DEVER É HONRAR A DEUS E OBSERVAR AS LEIS DOS NOAQUITAS, PORQUE SÃO PRECEITOS DIVINOS, AOS QUAIS TODO HOMEM DEVE OBEDIÊNCIA, DEVEIS EVITAR TODAS AS HERESIAS, E NÃO OFENDER A DEUS, SEGUINDO-AS.

2º) SEREIS FIÉIS AO VOSSO REI E NUNCA O

DEVEIS TRAIR; E, QUALQUER QUE SEJA O LUGAR ONDE ESTIVERDES, DEVEIS SUBMETER-VOS LEALMENTE À AUTORIDADE...

POEMA REGIUS – séc. XIV

(Também possui a denominação de "Documento Haliwell", em homenagem ao seu descobridor e que lhe fez um comentário em 1840, o não Maçom J. Haliwell.) O nome primitivo deste documento é POEMA DE DEVERES MORAIS, mas por sugestão do historiador inglês Robert F. Gould ganhou o nome ainda de MANUSCRITO RÉGIO. Compreendem seu texto, uma história lendária, uma Ordenação referente às futuras assembleias, do Ars Quatour Coronatorum, assim como uma série de lendas sobre a Torre de Babel, Nabucodonosor, Euclides e seus ensinamentos e, finalmente, uma sequência de regras para o comportamento na Igreja e para o cerimonial. O Ponto 1° tem seu começo da seguinte forma:

QUEM CONHEÇA ESTE OFÍCIO E ADQUIRA DIGNIDADE, AMARÁ SEMPRE A DEUS E À SANTA IGREJA...

CONFRARIA DE TALHADORES DE PEDRA DE ESTRASBURGO – 1452

Os Estatutos e Regulamentos de Estrasburgo assim tem início:

EM NOME DO PAI, DO FILHO E DO ESPÍRITO SANTO E DA GLORIOSA MÃE MARIA; E À MEMÓRIA ETERNA DOS QUATRO COROADOS, SEUS BEM-AVENTURADOS SERVIDORES.

MANUSCRITO DE HARLEY – 1670

Inicia da seguinte forma:

> *O PAI ONIPOTENTE DO CÉU, COM A SABEDORIA DO GLORIOSO FILHO E PELA BONDADE DO ESPÍRITO SANTO, TRÊS PESSOAS EM UM SÓ DEUS, ESTEJAM CONOSCO E NOS DEEM GRAÇA PARA DIRIGIR A NOSSA CONDUTA A FIM DE ALCANÇAR A DURADOURA FELICIDADE. AMÉM.*

MANUSCRITO ANTIGO – 1686

> *TEMEI A DEUS E GUARDAI SEUS MANDAMENTOS, PORQUE É ESTE O DEVER DO HOMEM.*
>
> *EM NOME DO GRANDE E SANTO DEUS, A SABEDORIA DO FILHO E A BONDADE DO ESPÍRITO SANTO, TRÊS PESSOAS E UM SÓ DEUS, SEJAM CONOSCO AGORA E SEMPRE. AMÉM.*

Como pudemos ver nessas breves exposições de alguns dos preâmbulos que fazem parte da documentação histórica, não é difícil deduzir e afirmar que a Maçonaria seguia uma orientação basicamente católica e cristã em suas origens. Pesa o fato também, e que não podemos desconsiderar, de que esses pedreiros, pertencentes às antigas corporações de ofício, estavam ligados à construção de catedrais, ou seja, construções destinadas à Igreja em si. Não iremos sequenciar aqui todos os passos da Igreja Católica no Ocidente, desde Constantino, passando pela conversão dos francos, mas mencionaremos que quando as corporações de ofício medievais, e dentre elas a dos pedreiros, já haviam conquistado um determinado *status*, a religião Católica era oficialmente a religião atrelada ao Estado. Não há como querer separar então, dentro desse período, a Maçonaria da influência e dominação do espírito religioso e soberanamente cristão e católico. Aliás, toda a Idade Média foi de pleno domínio da Igreja Católica. Podemos imaginar então, que o universo maçônico existente no contexto da Idade Média, continha em seu interior o mesmo Deus bíblico dos cristãos e católicos, e como pudemos ver no que foi dito acima, também os manuscritos mais antigos estão impregnados da visão cristã, seja através das lendas que contém, ligadas aos personagens e textos bíblicos, seja nas invocações. Sem dúvida, todos esses documentos tinham como alvo homens que eram religiosos e tementes a Deus, além de conterem diversas observações religiosas e, bem especificados, os propósitos da Igreja. Será que essa influência irá desaparecer um dia, sofrer modificações, ou, ainda, em plena Maçonaria Especulativa manter-se-á também? Quem sabe encontremos as respostas que buscamos, ou parte delas, analisando um pouco do trabalho que desenvolveram alguns dos importantes mentores que estrearam em seguida, James Anderson com a sua Constituição, e uma ajuda de Theophile Desaguilers. Antes, porém, de adentrarmos no próximo capítulo, é pertinente corroborarmos então que os Maçons foram, digamos, acostumados com as regras e as formas cristãs, onde de maneira mais específica, as católicas.

AS CONSTITUIÇÕES DE ANDERSON

Vejamos o primeiro parágrafo da Constituição de Anderson:

> *Adão, nosso primeiro pai, criado à imagem de Deus, O Grande Arquiteto do Universo, deve ter tido as Ciências Liberais, particularmente a Geometria, escritas em seu Coração; pois mesmo depois da Queda, encontramos seus Princípios no Coração dos seus Descendentes, Princípios esses que no curso dos tempos foram reunidos em um Método cômodo de Proposições, pela observação das leis*

da Proporção tiradas da Mecânica, de modo que à medida que as Artes Mecânicas davam aos Sábios a Ocasião de reduzirem os Elementos da Geometria em um Método, essa nobre Ciência assim reduzida é o fundamento de todas essas Artes (particularmente da Maçonaria e da Arquitetura) e a regra segundo a qual são conduzidas e praticadas.

Não iremos nos ater aqui à discussão sobre a origem da Maçonaria proposta e exposta por Anderson, nesse trecho constante no início das "CONSTITUIÇÕES DOS FRANCO-MAÇONS", por fugir ao nosso propósito e por ter se revelado sabidamente um tanto que mirabolante e até difícil de aceitar, já que coloca a origem da Maçonaria no Paraíso, mas em primeira instância pediria atentarmos para o uso e a referência ao Grande Arquiteto do Universo, assim como a ideia implícita de que a Maçonaria é obra de Deus. Essas Constituições são a compilação dos antigos usos e costumes, aos quais fizemos menção logo acima, quando da citação dos seus preâmbulos. Foram publicadas em 1723, para o uso das Lojas. Continham Obrigações e Regulamentos Gerais, uma história da Maçonaria, e aqui cabe dizer que extremamente fantasiosa, mesmo guardando uma certa consonância com o que era passível de crença naqueles tempos. Também não podemos furtar-nos de mencionar que essas "Constituições", mesmo sendo históricas para a nossa Ordem, não escaparam de provocar discussões e controvérsias. Alguns historiadores, assim como estudiosos, tiveram e têm suas dúvidas sobre se Anderson não advogou nelas o Deísmo (essa crença num Ser Supremo, que se caracteriza pela ausência da Revelação), ou uma crença na razão, para simplificar.

As "CONSTITUIÇÕES DE ANDERSON", para que nos situemos melhor no tempo, foram elaboradas de 29 de setembro de 1721 a dezembro de 1721, por solicitação, então, da Grande Loja. Foram editadas em 1723. Em 1738, houve uma segunda edição, revista e aumentada. Nela constam registrados os eventos iniciais da Maçonaria Especulativa, e está composta de duas partes: uma primeira que pretende ser histórica, e uma segunda que expõe os princípios da Ordem. Essa segunda parte da Constituição, que tem por título "The Charges of a Free Mason" e que traduzido significa "Os Deveres de um Pedreiro-Livre", traz os princípios da Ordem e termina com uma série de canções. Nesta segunda parte Anderson certamente teve a ajuda de Theophile Desaguilers. Aqui e agora, interessa-nos o primeiro capítulo referente a Deus e à Religião, que diz assim:

> *Um Maçom está obrigado, na qualidade de Maçom, a obedecer à Lei Moral; e se entende corretamente a Arte Real, nunca será um estúpido ateu nem um libertino irreligioso. Porém embora, nos tempos antigos, os Maçons fossem obrigados, em todos os países, a seguir a religião desse país ou dessa nação, qualquer que fosse, considera-se hoje mais conveniente submetê-los unicamente a esta Religião que todos os homens aceitam, deixando a cada um sua opinião particular. Esta Religião consiste em serem homens bons e sinceros ou homens honrados e probos, quaisquer que sejam as denominações ou crenças que os possam distinguir; assim, a Maçonaria se torna o centro de União e o meio de estabelecer uma verdadeira amizade entre pessoas que poderiam permanecer perpetuamente separadas.*

Dois pontos suscitaram e ainda provocam muita discussão, sem falar dos rios de tinta que têm corrido por conta da interpretação deles. Em primeiro lugar e com relação ao "estúpido ateu", foi publicada uma tese de autoria de Maurice Pollard, depois adotada pelo Grande Oriente da França e até mesmo por alguns setores católicos que afirma o seguinte:

Ao condenar ao "stupid atheist", a Constituição quis distinguir o ateu estúpido do ateu racional. Basta para tanto traduzir "stupid atheist" não por ateu estúpido, o que constitui um contrassenso que implica numa nuança inexata, mas, por estúpido ateu, para se compreender que a verdadeira intenção de Anderson foi uma invectiva oratória e as palavras "irreligious libertine" reforçam esta interpretação. São manifestamente sinônimos, no espírito de Anderson, de "stupid atheist", o ateísmo implicando necessariamente em libertinagem. (...)

O outro ponto que mereceu extensa análise foi: a religião sobre a qual todos os homens estão de acordo. Segundo Bernard Fay, Anderson quis substituir o "deísmo" pelo cristianismo, o que não é verdade; primeiro porque na Constituição de Anderson não há deísmo e sim um teísmo incontestável e não se deve confundir deísmo com teísmo. Deísmo, num primeiro sentido, designa a crença em Deus, mas em um Deus destituído de atributos morais e intelectuais. É um sistema metafísico próprio, nascido na Inglaterra, o qual opunha a religião natural à religião revelada e mais especialmente ao cristianismo. O deísmo admite a existência de Deus: sem se pronunciar sobre a sua natureza. Com efeito, nega as duas ideias essenciais dos sistemas teístas, as da Revelação e da Providência. É a religião natural sustentando a base de um princípio motor. Assim a moral consistiria em se obedecer às leis naturais sem apoio nem fundamento metafísico. Ao passo que o teísmo é um sistema que admite a existência de Deus criador e organizador. Além disso, esse Deus intervém nos destinos humanos, ajudando, punindo ou remunerando de acordo com o mérito ou demérito. É considerado um espírito puro pelos metafísicos e pelas religiões deístas.

E Anderson, pastor presbiteriano, em toda a sua obra, notadamente em seus sermões, confirma essa teoria teísta. O que ele quis foi introduzir, na Maçonaria Especulativa nascente, o mais perfeito ecumenismo, a mais perfeita tolerância no domínio religioso e político, de modo que a nossa Ordem viesse realmente a ser o verdadeiro centro de união a congregar homens livres e de bons costumes, irmanados pelo objetivo comum da busca da verdade e do aperfeiçoamento individual, visando a sua integração no processo de Igualdade, Fraternidade e solidariedade entre os povos.

Como podemos ver, a sugestão implícita de que todas as outras religiões poderiam sim estar envolvidas na nossa Ordem, ecumenicamente falando, deve ter sido um choque para os tradicionalistas, haja vista o que já frisamos anteriormente sobre toda uma formação cristã e católica que permeava a Maçonaria. O que Anderson estava fazendo, na realidade, era abrir a Maçonaria para qualquer um que acreditasse em Deus, e aí, independentemente da sua fé. Anderson é discutido até hoje, mas o que ficou mesmo é que ele expandiu toda a história da Maçonaria, e instituiu as bases da Maçonaria.

UM POUCO DA MAÇONARIA E AS INFLUÊNCIAS DAS GRANDES CORRENTES RELIGIOSAS

Para que tenhamos ao nosso alcance os melhores subsídios para essa caminhada que é longa, tecerei alguns comentários visando esclarecer um pouco mais sobre as correntes religiosas que atuavam no contexto, interna e externamente, pois todas devem ser consideradas num estudo onde estamos falando de Deus, e até mesmo para melhor entendimento do terreno onde a Maçonaria se desenvolvia. Acho que seria importante destacar o fato de que a

Maçonaria não é religião, pelo menos no sentido exato da palavra, mas conforme algumas correntes mais modernas de pensadores e maçonólogos guarda em si a religião que é essa do amor fraterno, além de abrigar também uma filosofia e uma ciência. Não possui a conotação exata de religião por não conter as particularidades do que pode ser chamado de sectarismo religioso, mas a Maçonaria é sim religiosa, possui uma ritualística, uma espiritualidade e uma liturgia, e além do mais a busca que ela empreende, é a busca eterna das verdades divinas. Até mesmo, não podem ser desconsiderados aqui os que a veem como um culto. A Maçonaria tem sabidamente na sua fase Especulativa uma carga enorme de influências recebidas dos filósofos, místicos e homens de ciência da época, como eram alguns dos membros da Real Sociedade, a mesma que abrigou o "Colégio Invisível", onde sabidamente desenvolveram-se algumas dessas sementes que a Maçonaria ajudou a adubar. Ao mesmo tempo em que já era depositária da sabedoria do passado, a Maçonaria ganhava ares de modernidade e atualização a partir do momento que passou a ser Especulativa. De uma herança quase que na totalidade cristã, outras correntes religiosas ou místicas começavam então a lançar suas influências no seio da Ordem. O Deus a quem nos referimos até aqui, vinha da noção judaica e cristã, portanto, de duas grandes correntes representantes do Monoteísmo. Da incorporação pelo Cristianismo das filosofias helenística e romana é que abstratamente foram dadas as provas da existência de Deus. A partir de uma célebre frase de Pascal, temos uma mudança de rumo: "Deus de Abraão, Deus de Isaac, Deus de Jacó, não dos filósofos ou dos sábios". Quantos foram os conceitos emitidos pelos filósofos numa tentativa de corresponderem a uma noção de quem é Deus? E Deus não é um dos objetos da Filosofia? Com referência ainda ao que seja o deísmo e o teísmo sempre presentes como correntes religiosas, e quando o assunto é a discussão sobre a Maçonaria ser ou não ser religiosa, vamos proceder a mais alguns comentários sobre o assunto, para que se torne o mais claro possível. O Teísmo é uma corrente religiosa que defende a ideia de que o Universo é obra de um Deus pessoal, e que esse Deus tem seu comportamento na sua relação com os homens de forma paternal. É possível afirmar que grande parte das religiões atuais é essencialmente teísta. Exemplos mais clássicos seriam o Judaísmo e o Cristianismo. Já o Deísmo, por sua vez, defende a ideia substancial da existência de um Deus único que, depois que criou o mundo, separou-se do mesmo, deixando-o entregue a si mesmo. Ou seja, esse Deus continua a existir, mas de forma independente. Podemos dizer também que alguém é deísta essencialmente quando acredita que a razão deve ser a base da crença em Deus, isto em oposição à revelação ou à tradição. Os deístas rejeitam a forma de religião organizada e tem o racionalismo como a sua pedra angular para todo o conhecimento. Tem sido dito que a "Constituição de Anderson", quando se refere aos "libertinos descompromissados", está falando dos deístas da época, o que até sugere que eles não tinham nada a ver com a organização fraternal.

OS LANDMARKS

Tanto as Constituições de Anderson, como os Landmarks constituem o cimento da Maçonaria. Os Landmarks são as leis tradicionais, as regras de comportamento, os usos e costumes que foram e são praticados pela Maçonaria. Ao contrário do que se pode pensar, não foram promulgados por um legislador maçônico. Foram sim coligidos e classificados, e serviram de base para a organização de constituição de Lojas e Obediências da Maçonaria Universal. Existem várias classificações, sendo que a mais aceita e utilizada é a de Albert Mackey, que contém 25 itens. Para utilização como referência neste Trabalho, somente irei citar o de número 19, dessa compilação de Mackey, que diz o seguinte: "Que o Candidato à Iniciação evidencie, pela sua Obra de vida, a sua crença em Deus como o Grande Arquiteto do Universo".

Vou utilizar-me aqui de um comentário constante no livro "Instrucional Maçônico" Grau de Aprendiz, de autoria de Tito Alves de Campos, que assim se pronunciou sobre este Landmark:

> *O Padrinho é o principal responsável pela verificação desse requisito, observando as ações do amigo, sua filosofia de vida, sua conduta no lar, na profissão, no lazer e na Sociedade. A negação ou a incerteza quanto à crença em Deus constitui impedimento absoluto e insuperável à Iniciação. No caso de dúvida, o Padrinho deve optar pelo menor risco: não convidar.*

Neste tópico que dá ênfase aos "Landmarks", assunto que tem provocado muita discussão, onde o número deles até hoje não obedece a um consenso, é importante citar também Vanildo de Senna, defensor de uma tese sobre os "Landmarks", onde em determinada altura da mesma, procura justificar aqueles que ele julga fundamentais dizendo o seguinte:

> *A crença no G.·. A.·. D.·. U.·., na ressurreição e numa vida futura é landmarque aceitável, embora com restrições de parte da Maçonaria de alguns países, especialmente da Europa.*

DOS RITOS E DOS RITUAIS

Conforme a obra "O Conceito de Deus na Maçonaria", de Valério Alberton, é dito assim sobre Ritos, no tocante à sua terminologia:

> *Esta palavra RITO tem dois significados: Rito, com* **R** *maiúsculo, é um ramo particular da Maçonaria, como por exemplo, o Rito Escocês, o Rito Emulação etc. Com r minúsculo é uma cerimônia cujo formalismo*

foi regulamentado antecipadamente, com a finalidade, sobretudo, iniciática, mas, também, para a abertura e encerramento dos trabalhos nas Lojas, nas Cerimônias de consagração das Oficinas novas, nas instalações dos dignitários, nos Banquetes, na Adoção de Lowtons, que denominam impropriamente, de batismo maçônico, o Ritual de Pompa Fúnebre, o de serviço fúnebre, o de casamento etc... Tanto num sentido ou outro, a palavra jamais deve ser empregada como sinônimo de dogma, de princípio nem de símbolo. Esta terminologia se modelou aqui sobre a da Igreja, que possui várias liturgias às quais o termo distintivo de Rito foi dado: o Rito latino, o Rito Maronita etc... Um Rito pode ser, pois, definido como uma apresentação particular e peculiar da Maçonaria e cujo caráter se distingue do caráter dos outros Ritos, pela forma.

O Rito Escocês Antigo e Aceito é o mais universal, e o mais adotado no Brasil e nos Estados Unidos. Embora pertinente, seria maçante citar aqui trechos e mais trechos dos nossos Rituais que evidenciam não só passagens da Bíblia, invocações, alusões, orações, que vêm provar o alto grau de espiritualidade presente no Rito. Os Rituais contêm a doutrina do Rito, e cada Rito tem seus Rituais aprovados pelas suas autoridades superiores. Um exemplo: o Supremo Conselho do R.·. E.·. A.·. A.·.. A informação que interessa-nos, sobretudo, após sabermos um pouco de Ritos e Rituais, é que nas palavras de Valério Alberton que os analisou, "os Rituais são simples, moralizantes e conservam a tradição cristã". Não podemos esquecer, além do mais, que os Ritos contêm nas suas origens antigas, de uma maneira quase generalizada, muito do misticismo das antigas civilizações, o que significa dizer que quanto mais eles forem conservados, mais estarão próximos da sua feição de ordem iniciática, e nesse aspecto revela-se de fundamental importância a pesquisa e a confecção de Rituais aos pesquisadores sérios, para que se preserve a pureza do Rito, o que também facilitará sempre ao que busque as informações mais fidedignas possíveis. De grande importância revelar aqui que, com relação aos Rituais do Rito Moderno ou Francês, estes eliminaram, logo após a "SUMMA DIVISIO", todas as orações e referências ao G∴ A∴ D∴ U∴, pois são laicistas.

PESQUISANDO A ORIGEM DA EXPRESSÃO "GRANDE ARQUITETO DO UNIVERSO"

Os Maçons referem-se a Deus como: "O Grande Arquiteto do Universo", ou G∴ A∴ D∴ U∴. Há diferenças entre o Grande Arquiteto do Universo e o Deus cristão, ao qual até o presente momento era a quem nos referíamos? Será que encontraremos em nossas pesquisas a origem da expressão, e o momento exato em que essa mudança se operou na Maçonaria?

Vejamos alguns resultados das pesquisas, começando com um trecho de um artigo assinado por Claudio Blanc, na Revista "Maçonaria", onde é dito assim:

O GRANDE ARQUITETO DO UNIVERSO – Os Maçons entendem Deus como o Grande Arquiteto do Universo, ou G∴ A∴ D∴ U∴, como costumam abreviar. Em certos atos litúrgicos da Maçonaria, é feita alguma oração, mas o louvor próprio à divindade limita-se à glorificação. É por isso que muitos Ritos Maçônicos trabalham para a "Glória do Grande Arquiteto do Universo". No entanto, há diferenças entre o Deus cristão e o Grande Arquiteto do Universo. Para os Maçons, o Grande Arquiteto tem as características de um arquiteto comum. Na prática, o arquiteto cria um projeto e não o executa, pois ele precisa da colaboração de uma equipe: desenhistas, mestres, pedreiros e serventes. O arquiteto se limita, de fato, apenas ao "projeto". Como o Deus bíblico, os Maçons entendem que Deus projetou a Terra e o universo, ou melhor, os Universos. Mas o G.·. A.·. D.·. U.·. maçônico tem a propriedade de ser "uno", ou seja, não possui a Trindade Cristã. Esse conceito de Deus como o Grande Arquiteto do Universo implica a existência de "outros arquitetos". Para os Maçons, cada Iniciado tem em si parte do Grande Arquiteto e cada membro da fraternidade será um arquiteto, não independente, mas "submisso" ao G.·. A.·. D.·. U.·.. Dessa forma, conforme explica Rizzardo da Camino, autor de mais de 30 livros sobre Maçonaria, "o dever de todo Maçom é o de ser uma espécie de renovador projetista". Oportuno abrir um parêntese aqui, para, aproveitando de uma outra colocação, num outro contexto, de Rizzardo da Camino, pavimentar um pouco mais dessa nossa estrada. Ele respondeu a uma pergunta sobre o porquê da Maçonaria não ser religião, mesmo ela possuindo os seis aspectos que caracterizam uma religião, quais sejam: autoridade institucional, Ritual, especulação mística, tradição, crença na graça universal e busca pela compreensão do mistério que permeia a existência. Do alto da sua sabedoria e, muito pertinente ao assunto que estamos desenvolvendo, aqui está a resposta de Rizzardo:

> *O vocábulo religião, do latim* ***religare*** *significa uma religação com a divindade, ou seja, o Grande Arquiteto do Universo, que é o Deus maçônico. O ser humano, após o pecado original, sentiu-se desligado de Deus, o que o obrigou a um grande empenho de conexão. O Maçom nunca se separou do seu G.·. A.·. D.·. U.·.. Por isso, não há que se falar em religiosidade. O Deus maçônico é arquiteto, pois projetou a formação do Universo. A ele, em Loja, é simplesmente feita a invocação de presença. Não há pedidos de perdão ou auxílio. Esses pertencem às preces individuais dos Obreiros, no mundo profano, cada um com sua fé particular. A energia que cada Obreiro busca e obtém não constitui ato religioso, mas espiritual,*

ou seja, a soma das energias mentais e físicas em benefício dos necessitados. Isso ocorre na cadeia de união, que não constitui ato religioso. Se a Maçonaria fosse uma religião, os Obreiros deveriam pertencer a uma única fé. O conteúdo das preces nos diversos Rituais dos diferentes Graus deveria ser suprimido, pois esses se assemelham a atos religiosos. Quando o G∴ A∴ D∴ U∴ é invocado, esse chamado significa o desejo da presença e da orientação de quem tudo projetou. Deus, como arquiteto, elaborou o projeto, porém quem o executou foi a corte celestial.

Ainda, e agora usando de um trecho de um Trabalho publicado na Revista "A TROLHA", do também Rizzardo da Camino, e intitulado "Grande Arquiteto do Universo" ele diz:

> *As Sagradas Escrituras referem o nome "arquiteto", apenas duas vezes, e isso, no Novo Testamento. Uma em Coríntios 3,10, mas que não faz referência à Divindade e a outra em Hebreus 11,10:*
>
> *"Foi pela fé que Abraão, obtemperando ao chamado de Deus, saiu em demanda dum país que devia receber por herança. Partiu sem saber para onde. Em virtude da fé estabeleceu-se como estrangeiro na terra da promissão, habitando em tendas, como Isaac e Jacó, coerdeiros da mesma promissão. É que aguardava a cidade solidamente alicerçada, cujo fundador e* **ARQUITETO** *é Deus. Portanto, em todas as Sagradas Escrituras, encontramos uma única vez a palavra* **ARQUITETO!** *Logo... a Maçonaria denominou seu Deus, buscando uma raiz no Novo Testamento?"*

Já sobre as origens propriamente ditas da expressão, o Irmão Antonio Rocha Fadista, em um artigo seu com o título de "As Origens da Maçonaria Especulativa", diz em determinado momento:

Devemos ainda lembrar que a definição de Deus como Grande Arquiteto do Universo não é, como se poderia pensar, de origem maçônica, mas sim de origem alquímica--rosa-cruz. L'Andrea, conhecido por ter divulgado os Manifestos-Rosacruzes em Londres, já usa esta expressão em um trabalho de 1623. Portanto, muito antes do desenvolvimento dos Rituais Maçônicos.

Ainda mais anterior pode ser o uso da expressão, eis que Phillibert Delorme, em 1567, a teria usado em seu tratado de arquitetura, inclusive nos seguintes termos: "Esse grande arquiteto do universo, Deus Todo-Poderoso". Também antes da Maçonaria adotá-la, o famoso astrônomo Kepler teria utilizado-a em sua Astronomia nova. A partir do século XVIII, a expressão foi adotada pela Maçonaria e virou o ponto fundamental do seu Simbolismo. Se considerarmos, ou estabelecermos como ponto de referência, no entanto, as Constituições de Anderson, como o aparecimento da expressão Grande Arquiteto do Universo, e para não ficarmos com a sensação de que estamos caminhando somente no terreno das hipóteses, é interessante ouvirmos o que foi colocado pelo Irmão Jalon Leal Silva em Trabalho da sua autoria intitulado "Quem é o Supremo Arquiteto do Universo?":

Por que o nome Arquiteto? O Pastor James Anderson teria causado um impacto muito grande na entidade que a esta altura já contava não somente com operários, mas com pensadores e filósofos representando, portanto, várias tendências e maneiras diferentes de, não somente ver, como também admitir Deus. Então foi de bom alvitre que a palavra Arquiteto fosse trazida para o seio da entidade envolvendo o espírito da sua verdadeira formação, o que se poderia chamar Pedreiro Maior. O nome Arquiteto não está ligado a essa ou àquela religião. Um nome neutro no que diz respeito a segmento religioso, todavia, com relação

> *à pessoa representada no nome, foi aceita por todos por se tratar de Deus, o criador de todo o universo. O termo "neutro" aqui não é a concepção Deísta de Deus que algumas religiões e grupos filosóficos têm. Na concepção do deísmo, Deus é um "Ser" neutro, indefinido, aberto a toda compreensão, possível e impessoal. O pensamento e a concepção de Deus na Maçonaria é Teísta onde Deus é uma pessoa. Pessoa real, com vontade e determinação. Uma pessoa que guia, uma pessoa que conduz. Se o nome Supremo Arquiteto do Universo não atende às aspirações de religiões, à Maçonaria, no entanto, ele preenche as expectativas exatamente por ser um nome neutro.(...) Respondendo à pergunta inicial. Quem é o Supremo Arquiteto do Universo? É Deus. O centro para o qual convergem todas as coisas.*

DEUS E O GRANDE ARQUITETO DO UNIVERSO: A SÍNTESE

Sem dúvida, a opinião de Rizzardo da Camino tem o seu peso, e voltamos a ela, retirando mais um extrato do seu Trabalho ao qual já nos referimos acima:

> *O uso dessa expressão nas Lojas Maçônicas conduz-nos a equiparar a Ordem Maçônica à Religião, não só pelos Profanos, como pelos próprios Maçons e não somente Aprendizes, mas até eminentes Grão-Mestres. A frase mais comum usada é que o Grande Arquiteto do Universo é Deus. Nem sequer ressalvamos: "Que se equipara a Deus", ou que, mais ousadamente: "Que substitui Deus". Portanto, essa confusão genérica, posto os abundantes esclarecimentos, que a literatura maçônica e profana se tem esforçado ao considerar a Maçonaria, não como*

RELIGIÃO, mas, simplesmente, com "liames" sutis de uma pretensa religião.

Se fôssemos ouvir todas as opiniões que estão aí nos livros e nos textos dos autores famosos e nem tão famosos, pela riqueza do tema, teríamos de consagrar horas intermináveis consumindo milhares de páginas. Foi feita uma seleção, do muito que foi lido, e de maneira óbvia, nem tudo que está disponível foi lido. Um trabalho com esta temática pode ser um trabalho que não tenha fim, e além do mais teríamos de começar lá na Grécia antiga ou até antes, com a ideia do Demiurgo platônico, além de considerar estudos bem mais aprofundados das antigas religiões. Assim, levando em consideração o que foi dito até agora, e o que deu para inferir, podemos dizer que a ideia e o conceito de Deus na Maçonaria obedecem a períodos bem definidos, e até podemos dizer assim: o período em que a Maçonaria era Operativa glorifica o Deus Trinitário, ou seja, Pai, Filho e Espírito Santo. Há também outra característica bem cristã que é o culto à Nossa Senhora e diversos santos. Daí a afirmação sobre a Maçonaria naquele período ser comprovadamente católica e cristã, e o conceito de Deus estar ligado essencialmente a essa religião e à Bíblia. No Período Especulativo, é utilizada a expressão Grande Arquiteto do Universo, o que colabora para surgirem as mais variadas interpretações e discussões de ordem deística e teística, com prevalência para a teística. Por outro lado, os defensores das ideias deísticas em 1877, na França, têm sua alteração aceita, ou seja, o Grande Oriente da França elimina da sua constituição o artigo 1°, o que exigia a crença no Grande Arquiteto do Universo, ocorrendo uma grande cisma que ficou conhecida como "SUMMA DIVISIO", que nada mais é do que uma divisão na Maçonaria com referência à condição básica exigida ao Candidato, que era acreditar em Deus, ou no Grande Arquiteto do Universo. Tal decisão acabou influindo para a admissão de outras correntes de pensamento no seio da Maçonaria. Assim, também é possível ver o episódio como o nascimento de uma Maçonaria Adogmática, assentada na rejeição às regras que possam impor uma crença e dogmas, substituindo essa ideia anterior ou "landmark" por uma total liberdade de consciência. A Bíblia desaparece das Lojas do Grande Oriente da França, pois é suprimida a fórmula "À Glória do G∴ A∴ D∴ U∴", com a justificativa de que a "Maçonaria tem como fundamento a liberdade de consciência incondicional e a solidariedade humana. Não rechaça ninguém por motivo de crenças". Independente dessa cisão, a Maçonaria em sua grande parte permanece com o "landmark", ou seja, a determinante condição da crença num Princípio Criador para que possa ser admitido na Ordem. Um estudo interessante publicado pelo Irmão Carmelo Zapala Giufrida, diz a determinada altura:

> *De início afirmaremos, a evidência. Que a conceituação de Deus e da Divindade é uma necessidade que acompanha a consciência humana desde os albores do entendimento até nossos dias, e, portanto, diz respeito a nós todos, independente do grau evolutivo, nível de instrução ou capacidade de entendimento, seja das coisas da terra ou das coisas do céu. Por outro prisma, a apreensão do conceito de Grande Arquiteto do Universo não está disponível à quase totalidade dos mortais, pois requer amplitude mental, fineza de percepção, inspiração e principalmente a coragem para matar o próprio Deus, não o Deus Criador e mantenedor do Templo Universal e Causa Primária de todas as coisas, mas sim, o Deus imagem e semelhança de nós próprios, nascido na maioria das vezes de nossa inconsciência ou desinteresse em perscrutar a fundo a origem de nós próprios e de nossa consciência, compreensão necessária como pré-requisito para se entender o Criador de si próprio até o ponto de afirmarmos com clareza meridiana: "Eu e o Pai somos Um", como afirmou o Respeitabilíssimo Mestre Jesus. Entendemos que*

o Deus das Escrituras, o Deus da ciência e o Verdadeiro Deus imortal, por estar acima dos interesses humanos e da capacidade de ser manipulado segundo estes, é o mesmo em essência, porém diverso na existência, por estar, neste campo, sujeito à limitada compreensão humana. (...) O Grande Arquiteto do Universo é a Consciência Imanente e Transcendente, é a Lei e a técnica funcional dessa lei. A poeira cósmica e a poeira que inspiramos; os extintos dinossauros e a supernova; a gravidade, a divisão celular e o ordenamento do DNA são manifestações desapercebidas e despercebidas como ação, causa e efeito de um Grande Artífice, que não nos diz respeito, por fugir a nossa percepção religiosa, que é exatamente o restrito campo onde queremos hospedar nosso salvador. Deus é um tema religioso, o Grande Arquiteto é uma realidade percebida pela consciência. E a consciência é um fenômeno unificante e abrangente, que inclui também Deus, como conceito, porém livre da limitação que no plano relativo, toda conceituação pressupõe. (...) Portanto, quando afirmamos que a Maçonaria se utiliza do termo Grande Arquiteto do Universo, o qual em sua amplitude implica em um respeito a todas as religiões e à respectiva compreensão e denominação de seu Deus, dizemos apenas uma parte da Verdade. Podemos dizer, também, longe de pretendermos ser definitivos ou acima das limitações, as quais ora consideramos, que a utilização do referido termo demonstra que a Sublime Instituição compreende que a consciência humana encontra-se em expansão e que Deus é o moto propulsor desse fenômeno, conduzindo sua Imanência – nos corações de suas criaturas – à reintegração na Transcendência de Si Próprio, que é a Grande, a Única Realidade, se manifestando como causa e efeito. Incriado, acima, muito acima, da compreensão do porquê e do como da existência e do Ser. A percepção da divindade evoluiu e se modificou, ao longo da história, desde um Deus zeloso e cruel a um Deus "Laissez-Faire". No entanto, o Grande Arquiteto do Universo é a única estabilidade no Universo, imutável e inacessível às instituições que mercantilizam o Sagrado. Sendo unicamente aprendido solitariamente, no interno liberto daquele que realmente busca o conhecimento de si próprio e da causa primeira. É o profundo desconhecimento que temos do G∴ A∴ D∴ U∴ e de suas inflexíveis e perfeitas leis – mantenedora da harmonia que sustém o Cosmo – que nos faz, ao agirmos em nome de um inconsciente e inconsequente "livre-arbítrio", receber, pela causa e efeito, as chamadas "desgraças" e nos revoltarmos contra os desígnios impostos pela lei contrariada, ou então nos induz ao pedido de perdão aos nossos deuses, como uma possibilidade de nos furtarmos à reação de nossa anterior ação.

É bem possível que o uso da expressão G∴ A∴ D∴ U∴ pela Maçonaria esteja ligado, ou tenha a ver, conforme o Irmão Renato Gabriel, da Loja "Fraternidade Brasileira" de Estudos e Pesquisas, em seu artigo "O Grande Arquiteto", com o fato de que o uso de nomes definidos para descrever o Criador sempre foi associado a um senso de admiração e grande mistério que data do limiar dos registros de história. Cita o exemplo dos judeus, que inclusive teriam trazido tal prática do período em que estiveram cativos na Babilônia, ou seja, de evitar proferir o nome pessoal de Deus, usando então de substitutos. Até mesmo, na "Septuaginta" (tradução grega do Velho Testamento), o Nome Proibido é sempre traduzido pela palavra grega que significa "SENHOR". Mas afinal, que Deus é esse da Maçonaria, o G∴ A∴ D∴ U∴, se para os membros da Maçonaria, todos se veem como Irmãos, independente das peculiaridades da religião e crença de cada um, todos oram para o mesmo Deus? Se o único ponto em comum em todas as religiões é a existência de um Ser Supremo, a Maçonaria que respeita as diferenças tem no G.·. A.·. D.·. U.·. o seu Deus. Assunto, como eu já disse, interminável. E para encerrar então, vou citar Voltaire, o grande filósofo francês, que nessa sua oração, digamos assim, referiu-se ao G.·. A.·. D.·. U.·.:

> *...Eu creio em Deus! Não creio no Deus que os homens fizeram à sua imagem e semelhança; mas creio no Deus que fez os homens à imagem e semelhança da Justiça e do Amor. Eu não creio no Deus subalterno das religiões que escravizam a consciência; mas eu creio no Deus que é o Grande Arquiteto do Universo. Que tudo fez justo e perfeito, nas dimensões exatas do Compasso e do Esquadro, através de cuja realidade é que fica o olho que tudo pode perceber. Não creio nesse Deus limitado da ignorância humana, mas creio no Deus cósmico que transcende a capacidade do homem de o entender. Que é preexistente ao conceito da vida e que será sobrevivente ao esmagar dos tempos...*

REFERÊNCIAS BIBLIOGRÁFICAS

Livros

ALBERTON, Valério. *O Conceito de Deus na Maçonaria*. Aurora, 1981.

BONDER, Nilton. *Portais Secretos – Acessos Arcaicos à Internet*. Rocco, 1996.

CAMPOS, Tito Alves de. *Instrucional Maçônico* – Grau de Aprendiz. Londrina: “A TROLHA”, 2011.

CASTELLANI, José. *Consultório Maçônico I*. Londrina: “A TROLHA”, 1990.

______. *Manias e Crendices em Nome da Maçonaria*. Londrina: “A TROLHA”, 1996.

FADISTA, Antonio Rocha. *As Origens da Maçonaria Especulativa*. In: INBRAPEM V. 3. Londrina: "A TROLHA", 2002.

GABRIEL, Renato. O Grande Arquiteto. In: Loja Fraternidade "Brazileira" de Estudos e Pesquisas Maçônicas. **CADERNOS DE PESQUISAS 22. ENCONTROS**. Londrina: "A TROLHA", 2008.

KARG, Barb. & YOUNG, John K. *O Livro Completo dos Maçons*. São Paulo: Madras, 2008.

OLIVEIRA, Cipriano. *Maçonaria: Passado, Presente e o Futuro*. Londrina: "A TROLHA", 2011.

OUTEIRO PINTO, Moacir José. A Natureza da Existência de Deus. INBRAPEM V. 4. Londrina: "A TROLHA", 2007.

RITUAL E INSTRUÇÕES DO GRAU DE APRENDIZ-MAÇOM DO RITO ESCOCÊS ANTIGO E ACEITO – GORGS – 2o10-2013

Revistas

"**Maçonaria**". – Conhecer Fantástico – nº 41 – Entrevista com Rizzardo da CAMINO – p. 36, e Artigo: "Preceitos Filosóficos" de BLANC, Claudio – p. 28 – Arte Antiga Editora.

DA CAMINO, Rizzardo. "Grande Arquiteto do Universo". **"A TROLHA"**, Londrina, n. 246.

GIUFRIDA, Carmelo Zapala. "DEUS Considerações sob a Ótica de um Maçom". **"A TROLHA"**, Londrina, n. 195.

SILVA, Francisco Rosier da. "A Constituição de Anderson" – Segunda Parte. **"A TROLHA"**, Londrina, n. 103.

SILVA, Jalon Leal. "Quem é o Supremo Arquiteto do Universo?". **"A TROLHA"**, Londrina, n. 118.

Internet

"O Arquiteto do Universo". Disponível em: <www.samaúma.biz/site/portal/conteudo/opiniao/gooarquiteto.htm>.

"Maçonaria & Fé". Disponível em: <www.noesquadro.com.br/2011/06/maçonaria-fe.htmil>.

A Presença do Simbolismo Maçônico na Narração da Lenda "A Salamanca do Jarau": A Maçonaria e o Escritor João Simões Lopes Neto

Eu não era um leitor de João Simões Lopes Neto, até que... Numa ida recente à cidade de Pelotas, terra natal desse escritor, e onde sempre está incluso no meu roteiro uma ida aos sebos... Era o último dos sebos que religiosamente sempre visitava nessas viagens, quando já de saída decidi perguntar ao dono se não tinha aparecido alguma revista maçônica, ao que ele aquiesceu e com um gesto mostrou-me onde localizá-las. De fato, havia alguns números antigos da revista "A TROLHA" ainda disponíveis, que logo dei uma olhada, e numa rápida conversa com o dono do sebo, fizemos negócio. No dia seguinte, já em casa, antes de acomodá-las na biblioteca, resolvi livrá-las do pó antes de guardá-las, e enquanto fazia isso aproveitava e olhava o índice de cada uma delas antes de colocá-las na ordem de numeração e no lugar que lhes fora destinado. Uma delas, acabei deixando-a separada, pois continha um artigo que chamou-me a atenção de imediato. O título: "João Simões Lopes Neto e a Maçonaria", de autoria do Irmão Adolfo Zimmermann

Netto, de Porto Alegre. Quando pude ler o mesmo, com a atenção que lhe era devida, fiquei com vontade de saber mais. Se uma coisa leva a outra, vi-me na biblioteca consultando tudo o que possuía sobre o escritor. O que eu sabia de Simões Lopes Neto, resumia-se a alguns contos de feições regionalistas, presentes na sua obra mais difundida que tinha por título "Contos Gauchescos e Lendas do Sul". Conservo até mesmo na memória um desses contos da sua autoria que particularmente gosto muito, e que acredito ser muito conhecido no universo da literatura dito gauchesca: "O Mate do João Cardoso". Para complementar então o pouco de conhecimento que detinha sobre a biografia do escritor, resolvi ler de uma tacada só o livreto "Simões Lopes Neto" de Antônio Hohlfeldt, uma pelo fato de não ser muito volumoso, não ia além das 90 páginas, mas na esperança de encontrar mais informações sobre o fato de ele ter sido Maçom. Só que ali não havia nada, o que fez com que eu tomasse aquilo por um desafio, e, decidido a desvendar um pouco mais, acabei por baixar das estantes tudo o que possuía de Simões Lopes Neto, e sobre Simões Lopes Neto. E não é que não fosse pouca coisa, mas o que eu buscava não encontrava, que era sobre a sua participação dentro da Ordem Maçônica.

João Simões Lopes Neto foi o que se poderia chamar de empreendedor naquela sua época. O escritor nasceu em 9.3.1865 e faleceu em 14.6.1916. Foi de tudo um pouco, mas deixou seu nome gravado como Capitão de indústria, comerciante, corretor, jornalista, dramaturgo, e escritor, entre outras coisas. Era descendente de nobres e índios. Foi um indivíduo inquieto e foi, sobretudo, um sonhador. Como escritor superou as barreiras que o regionalismo lhe impôs e, quer queiram quer não, foi o primeiro e maior regionalista rio-grandense.

O artigo publicado na revista "A TROLHA", cujo autor é o Irmão Adolfo Zimmermann, e originou este outro, pretendeu até fazer um rastreio da senda maçônica trilhada por João Simões Lopes Neto. Como ilustração maior, digamos assim, o autor transcreveu alguns trechos da lenda "A Salamanca do Jarau", onde alterou um pouco a ordem de aparição de determinadas passagens, para fazer a maior aproximação possível de trechos constantes no corpo da lenda com as Cerimônias de Iniciação realizadas em âmbito maçônico por ocasião da admissão de seus novos membros. De acordo com Zimmermann, quando de seus primeiros movimentos em sua pesquisa em busca da reconstituição da vida maçônica de Simões Lopes Neto, a todos aqueles aos quais dirigiu suas primeiras perguntas, ninguém soube adiantar-lhe nada. Mas, com aquele espírito do pesquisador nato, que imbuído de um propósito não se assusta frente aos obstáculos, partiu atrás das informações que buscava, não sem esbarrar por diversas vezes numa documentação maçônica escassa, e ainda mais por tais fatos haverem transcorrido num passado distante. Finalmente, após muitas idas e vindas acabou por reunir essas informações fundamentais, onde se pode dizer que foi um verdadeiro achado ter encontrado a proposta de Iniciação referente ao "Profano João Simões Lopes Netto, brasileiro, 25 anos, solteiro, católico, do comércio, residente naquele Oriente, que por entendimento do seu proponente possuía as qualidades para vir a ser um bom Maçom". Isso teve lugar na Loja "Rio Branco", em 19 de fevereiro de 1890, e o proponente era um Irmão do Quadro, Gr.·. 17, chamado José Simões Lopes, tio do escritor. A partir daí, pelas atas subsequentes, Zimmermann conseguiu avançar bastante, desde a Iniciação do escritor em 27 de fevereiro de 1890, até 24 anos depois, em 1914, onde encontrou provas de que nesse ano ele ainda era um membro ativo da Loja. Durante o período da atividade de Simões Lopes Netto na Loja "Rio Branco", ficaram os registros das suas intervenções nas Sessões, assim como a transcrição de documentos redigidos por ele e referentes a ele. Nota-se então que as informações pertinentes à sua atuação como Maçom ficaram quase que restritas ao âmbito da sua Loja, que felizmente as tinha conservadas.

Antes de dar prosseguimento e apresentar-lhes algumas

passagens da famosa lenda, creio de importância relatar a questão de uma querela havida com religiosos, que a pesquisa de Zimmermann recolheu na pesquisa. No mês de abril de 1895 (Ata 649), Simões Lopes Netto pronunciou-se contrário à ação de três padres jesuítas que, na cidade de Pelotas, atuavam de forma nociva sobre a sociedade, e sugeriu que se convidassem as demais Lojas para que fosse feita uma ação conjunta para sanar o problema. Importante salientar que anteriormente Simões Lopes Netto fizera parte de uma comissão onde juntamente com outros Irmãos, todos nomeados pelo Venerável Mestre Affonso Emílio Massot, foram designados para vigiar sobre o efetivo ensino leigo nas escolas públicas. Nessa questão em particular, essa Comissão fez uma denúncia referente à continuação da obrigatoriedade do ensino religioso, das rezas e confissões numa escola pública de Pelotas. Em relatório posterior encaminhado ao Venerável, e transcrito em Ata, o assunto foi longamente exposto, e deixou transparecer de suas linhas a animosidade que naquela época reinava ainda entre o clero jesuíta e os Maçons. O relatório terminou sugerindo que se fizesse um alerta às demais Lojas do Estado, assim como o governo municipal se fizesse representar ao Governo do Estado para que este, no uso das suas atribuições, expedisse um decreto sobre a extinção do ensino religioso oficial obrigatório. Num artigo recente publicado na Internet, foi dito que Simões Lopes Neto, além de ateu, era Maçom. A revelação teria sido feita pelo estudioso, pesquisador da obra de Simões Lopes Neto e professor de Literatura, Luís Borges. Certamente pelo fato de que Simões Lopes Neto publicou em 1912 um texto que abordava a importância das teorias evolucionistas, que foi intitulado "Uma Trindade Científica", onde expunha a contribuição de Lamarck, Darwin e Haeckel para as ciências naturais, e onde ficava bem claro o quanto ele estava em dia com as descobertas científicas da época. Nada demais, o fato de estar em dia com as correntes científicas da época. Só que nesse artigo vem o Professor Luís Borges deduzir que o escritor por ter sido evolucionista e Maçom, automaticamente era ateu. É óbvio que o desconhecimento do Professor sobre a Maçonaria, o que ela é e o que ela representa, faz com que publique tais pérolas. Além do mais, dá para deduzir, e aqui sim, é uma dedução baseada em fatos reais, que o Criacionismo, essa ideia fundamentalista que grassa no mundo atual, continua a promover estragos. Um homem, um intelectual do porte de Simões Lopes Neto, não pode ser acusado de ateu, por ter sido a favor de um Estado laico, ou por defender os cientistas evolucionistas da época (se ele possuísse os dados e as teorias que são conhecidos hoje e estão disponíveis a todos, no que tange ao Evolucionismo, ou das descobertas pós-Darwin...), aí sim, seria um evolucionista convicto, e mesmo assim, convenhamos, não poderia ser acusado de ateu somente por ter tomado partido do Evolucionismo. A animosidade entre a Igreja e a Maçonaria não é de agora, vem de muito tempo, e quem é Maçom sabe que independente das deduções de alguns estudiosos, pelo fato de o Brasil ser um país de maioria católica (isso é estatístico, não iremos discutir aqui a velha questão do sincretismo brasileiro), os Maçons, em sua maioria, são católicos, e o Livro Sagrado é a Bíblia mesmo. Nada também poderia provar ou sustentar a lógica reducionista de tirar conclusões apressadas, ou seja, do tipo que estabelece uma relação direta entre a teoria evolucionista, seus adeptos e os ateus. Para tal tipo de teoria, não existe fundamentação, nem aqui e nem na China.

Agora, com relação à lenda "A Salamanca do Jarau", que consta no livro mais difundido de João Simões Lopes Neto que é o "Contos Gauchescos e Lendas do Sul", vou fazer a transcrição de algumas passagens da lenda, com as palavras de Simões Lopes Neto, tais como estas se apresentam na obra dele, ou seja, pela ordem de aparição, e não tomando da liberdade que tomou Zimmermann. Para cada passagem dessas que forem retiradas e que constam "entre aspas", colocarei um número de ordem no começo que atenderá à disposição de Zimmermann, e que assim houve por dispô-las para torná-las mais coerentes com o roteiro de uma Iniciação. Ao final, o leitor poderá realizar uma releitura dessas passagens, e se seguir a ordem numérica saberá como Zimmermann publicou-as exatamente, no seu artigo original.

> *2 – Blau Nunes foi andando. (...) fez voltas e contravoltas, subiu, desceu. Sempre escuro. Sempre silêncio. Mãos de gente, sem gente que ele visse, batiam-lhe no ombro. Numa cruzada de carreiros sentiu ruído de ferros que se chocavam, tinir de muitas espadas, seu conhecido. Por então o escuro ia já num luzir de vaga-lume. Grupos de sombras com feitio de homens peleavam de morte; nem pragas nem fuzilar d'olhos raivosos, porém furiosos eram os golpes que elas iam talhando umas nas outras, no silêncio.*
>
> *3 – E meteu o peito entre o espinheiro das espadas, sentiu o corte delas, o fino das pontas, o redondo dos copos... mas passou, sem nem olhar aos lados, num entorno, escutando porém os choros e gemidos dos peleadores. Mãos mais leves bateram-lhe no ombro, como carinhosas e satisfeitas.*
>
> *4 – As mãos, de braços que ele não via, em corpos que não sentia, mas que, certo, o ladeavam, as mãos iam-lhe sempre afagando os ombros, sem bem o empurrar, mas atirando-o para diante... adiante...*
>
> *1 – Agora era um lançante e ao fim dele parou num redondel topetado de ossamentas de criaturas. Esqueletos, de pé encostados uns nos outros, muitos, derreados, como numa preguiça; pelo chão caídas, partes deles, despencadas; caveiras soltas, dentes branqueando, tampos de cabeças, buracos de olhos.*
>
> *5 – O chão ia alteando-se, numa trepada forte que ele venceu sem aumentar a respiração: e num desvão, a modo*

dum forno, teve de passar por uma comporta dele, e aí dentro era como um jogo de línguas de fogo, vermelho e forte, como atiçado com lenha de nhanduvai; e repuxos d'água, saídos das paredes, batiam nele e referviam, chiando, fazendo vapor; um ventarrão rondava ali dentro, enovelando águas e fogos, que era uma temeridade cortar aquele turbilhão... Outra vez ele meteu o peito e passou, sentindo o mormaço das labaredas. As mãos do ar mais o palmeavam nos ombros, como querendo dizer muito bem!

Então, para aquele que quiser ler as passagens do texto retiradas da lenda, tal como Zimmermann acomodou-as em seu artigo, é só ir enfileirando a leitura pela ordem numérica crescente. Desta forma, deixo a cargo do leitor as comparações necessárias ou a analogia possível com uma "Iniciação", e ainda mais se este leitor for Maçom.

REFERÊNCIAS BIBLIOGRÁFICAS

HOHLFELDT, Antônio. *Simões Lopes Neto*. Tchê/RBS. 1985.

NETO, J. Simões Lopes. *Contos Gauchescos e Lendas do Sul*. Editora Globo, 1978.

NETTO, Adolfo Zimmermann. *João Simões Lopes Netto e a Maçonaria*. **"A TROLHA"**, Londrina, n. 37.

Internet

Simões Lopes Neto, além de ateu, era Maçom. Disponível em: <www.amigosdepelotas.com/.../Simes-lopes-neto-alm-de-ateu-era-mao...>.

A Tábua de Virtudes: Uma Aproximação entre Estoicos e Maçons?

Sabem o que significa a expressão "tábua de virtudes"? Significa uma definição bem sucinta do que seja a moral. E virtude? Para esta palavra, sem dúvida, iremos encontrar uma centena de conceitos afetos à mesma. Na relação que foi estabelecida acima, o que devemos entender é que a virtude é a vivência da moral. Na realidade, isso é o que Platão defendia, ou seja, que o caminho ético-moral só pode ser percorrido pela virtude. Deve-se levar em consideração, de maneira óbvia, que o conceito de virtude sofre adaptações, conforme o lugar e o tempo. A Filosofia e a Religião têm produzido e conduzido, certamente, as maiores reflexões sobre o assunto. Num leque de classificações existentes nesse território é preciso citar, ao menos, que as virtudes religiosas são três: fé, esperança e caridade. Já as principais virtudes humanas, também chamadas virtudes cardeais, são quatro: prudência, justiça, coragem e temperança. Além do mais, temos que para o discípulo três são as virtudes principais: investigação, devoção e serviço. Pedro Campos de Miranda, em sua obra "Arte Real – Os Caminhos da Maçonaria", fala-nos que:

> *A Maçonaria ensina-nos que a virtude é uma disposição da alma que nos induz à prática do bem.*

E também que:

> *Enquanto não nos tornarmos uma parcela efetiva do amor verdadeiro que emana do Grande Arquiteto do Universo não estaremos capacitados a viver a vida total que é a do espírito.*

O que faz concluirmos que tal concepção tem tudo a ver com a visão do filósofo Plotino, pois ele afirmava que o objetivo maior do homem é unir a sua alma ao UNO, de onde se pode inferir também que as virtudes são purificações que nos aproximam de Deus.

A Maçonaria é composta de "Irmãos livres, ligados por deveres de fraternidade, que concorrem, pelo exemplo e pela prática da virtude, para esclarecer os homens e prepará-los para a emancipação progressiva e pacífica da Humanidade." No Ritual do Aprendiz, logo que esta Sessão é aberta, lá está o motivo de reunirmo-nos na Loja, que é "promover o bem-estar da Humanidade, levantando templos à virtude e cavando masmorras ao vício". O próprio desbastar da Pedra Bruta pelo Aprendiz, além de exigir controle emocional, faz com que o mesmo coloque em prática as suas virtudes para que assim abandone os seus defeitos. As virtudes são mais bem ensinadas, pelo exemplo, isso é ponto pacífico, daí o levantar templos, que é plural, e subentende-se um espelhar nos outros. Voltando às virtudes cardeais, citadas anteriormente, estas são certamente as que todo o homem deve praticá-las e, no caso específico do Maçom, as mesmas deverão recair em suas práticas diárias como uma obrigação moral. A Justiça, nas palavras de Platão, citada num trabalho do Irmão Edlamar Provesi, é a que mais se aproxima dos Princípios Maçônicos. Vejamos:

> *[...] a justiça consiste em fazer cada um aquilo para o que o dotou a natureza. [...] ...o princípio original de que um homem deve atender a uma coisa só, isto é, aquilo para que a sua natureza está melhor dotada. A justiça é esse princípio, ou pelo menos um aspecto dele.*

Ainda dentro do mesmo Trabalho citado, no que se refere à Prudência, Tomás de Aquino considerou-a a principal dentre todas, visto que a prudência, a temperança e a coragem são dirigidas por ela. Sobre a prudência, é dito sobre a mesma que:

Prudentia vem de **providere**, que significa tanto prever como prover, é a **Virtude** de paciência e antecipação, é o que separa a ação do impulso, o razoável da incoerência, o que determina na consciência de cada indivíduo, o que é necessário pensar, analisar, ponderar, para somente após praticar a ação, medindo-lhe as consequências.

Quanto a Temperança, o autor diz que:

> *Afinada com o **Princípio Maçônico** da liberdade, a **Temperança** é a moderação pela qual permanecemos senhores de nossos prazeres, ao invés de seus escravos. É o desfrutar livre, de todas as coisas, é o domínio da razão sobre a concupiscência, é justamente neste sentido que a **Temperança** é uma **Virtude**, isto é, uma excelência que no dizer de Aristóteles estava encimada por dois abismos: a intemperança e a insensibilidade.*

E finalmente, sobre a coragem, o autor diz o seguinte:

> *A **Coragem** não é a ausência de medo, mas a capacidade de enfrentá-lo. (...) A **Coragem** é um ato originado na decisão. É o raciocínio que nos diz **o que** devemos fazer, **se** o devemos fazer, mas nunca **como** devemos fazer. A decisão, por sua vez, fundamenta-se na razão e esta nada mais é do que livre determinação em distinguir, desprovido de sentimento, o que é correto ou incorreto para a situação em concreto. (...) Portanto, necessariamente, não é preciso ser herói para ter **Coragem**, basta que a atitude reconhecida como corajosa tenha sido analisada, ponderada, conhecida.*

Em um dos Graus da perfeição, o último dos Inefáveis, a

virtude é enaltecida a ponto de compor o lema desse Grau. Fica fácil deduzir que a moral e a virtude nortearão toda a nossa caminhada maçônica. E basicamente, "só nos tornamos construtores, construindo, só nos tornamos mestres, agindo com maestria, **só nos tornamos virtuosos, exercitando a Virtude**".

No desbastar da Pedra Bruta de forma ininterrupta, o Aprendiz irá encontrando os caminhos que o conduzirão à retidão, e as virtudes irão se revelando. Se Platão considerou a virtude como inata, como algo que o indivíduo já traz consigo, por outro lado, o maior dos seus discípulos, Aristóteles, considerou que a virtude era passível de ser adquirida, e que obedecia à força do hábito.

Quando abordamos o assunto referente às virtudes, sempre é bom lembrar que, remontando a uma época mais antiga, iremos deparar-nos com uma corrente filosófica que floresceu na Grécia, que teve vários expoentes e possuía alguns pontos em comum com a Maçonaria, sendo o principal deles, o exercício da virtude: o Estoicismo.

> *Se o Maçom é o indivíduo de bons costumes, isto significa que ele é virtuoso. Se o dever do Maçom é a busca constante do aperfeiçoamento, isto quer dizer que ele estará sempre se esforçando para aumentar as virtudes que lhe exortam o caráter. Os estoicos ensinavam que na vida do ser humano, o único bem é a virtude e esta consiste em uma vontade que esteja sempre de acordo com a Natureza.*

Um outro pensador e estudioso Maçom, Fernando César Gregório, em seu livro "Ética e Maçonaria", coloca da seguinte forma essa relação com o Estoicismo:

> *Analogamente ao Estoicismo, a instigante Instituição Maçônica busca o constante desenvolvimento do homem e também se dedica ao estudo das paixões e da felicidade, apontando naquelas empecilhos para o homem ser livre*

e feliz, mesmo que suas indicações sejam adogmáticas ou se expressem por meio de Símbolos, alegorias e lendas. Ensinam os antigos Rituais que na Maçonaria se trabalha para acostumar o espírito a curvar-se às grandes afeições e a não conceber senão ideias sólidas de Bondade e de Virtude, porque é só regulando os costumes pelos princípios eternos da Moral que poderemos dar à nossa alma esse equilíbrio de força e de sensibilidade que constitui sabedoria, ou, antes, a ciência da vida.

Quando lá na antiguidade grega, um filósofo chamado Zenão pregou que era preciso viver uma vida de acordo com a razão e o bem, não imaginou que um dia uma Instituição chamada Maçonaria consolidaria essa máxima já a partir do momento em que procede à Iniciação dos seus Candidatos, dirigindo-lhes uma pergunta que muito faz pensar, dado aquele contexto: "Que entendeis por Virtude?"

REFERÊNCIAS BIBLIOGRÁFICAS

Livros

GREGÓRIO, Fernando César. *Ética & Maçonaria.* Londrina: "A TROLHA", 2005.

MIRANDA, Pedro Campos de. *Arte Real – Os Caminhos da Maçonaria.* Londrina: "A TROLHA", 2006.

PROVESI, Edlamar. "As Quatro Virtudes Cardeais". In: **A TROLHA – COLETÂNEA 6.** Londrina: "A TROLHA", 2003.

RODRIGUES, Raimundo. *Sutilezas da Arte Real.* Londrina: "A TROLHA", 2003.

As Duas Buscas Permanentes do Maçom: Evoluir no Conhecimento e Evoluir como Ser Humano (Isso tudo dentro do que se pode chamar de "Sociedade Líquido-Moderna")

Ao retomarmos nossos trabalhos, após o que chamamos de período de recesso, é justo que renovemos e relembremos os nossos objetivos maiores. É bom estarmos juntos outra vez, é bom reencontrarmo-nos, é bom alegrarmo-nos, assim como é bom sabermos que em momentos como estes voltamos a acreditar com força total em nossos interesses comuns, tal é o sentimento de fraternidade evidenciado no comportamento de todos os Irmãos quando se reveem. Que o Grande Arquiteto do Universo possa iluminar-nos durante todas as Sessões vindouras, cuidando para que mantenhamos os mesmos espíritos exultantes de agora, imersos sempre em um clima de harmonia, e responsáveis diretos por egrégoras que possam concentrar todas as energias positivas que se desprendem dos Irmãos. Que possamos retomá-los confiantes, na nossa sublime missão de promover o bem-estar da humanidade, levantando templos à virtude e cavando masmorras ao vício. Agora, reportando-me ao título acima, gostaria de poder imaginar que o conteúdo desenvolvido e lavrado aqui (estou considerando este texto como uma mensagem), guarde ecos para o futuro. A partir do momento que assumimos a condição de Maçons, assumimos também sermos amantes da Sabedoria, da Virtude, da Justiça, e da Humanidade. Evoluirmos em conhecimentos, com o objetivo claro de obtermos a tal sabedoria, vai fazer-nos melhores, porém, esse é só o primeiro passo. E evoluirmos como seres humanos, demandará um processo bem mais demorado. Convivamos ao máximo com tais propostas, lúcidos em saber que nunca atingiremos a perfeição em sua totalidade, eis que está afeta à Divindade, mas cônscios de que é imprescindível para nós Maçons o escopo de tentarmos ser melhores a cada dia que passa, e isto independente de possuirmos um Grau ou um título a mais. Queridos Aprendizes e demais Irmãos, quantos de nós possuímos a ideia sincera sobre a real magnitude dos conhecimentos que a Maçonaria pode colocar à nossa disposição? Os que aqui chegaram um dia, sedentos por conhecimentos, jamais se viram frustrados, e devem ter compreendido logo que é preciso estudar muito e até paralelamente para podermos adentrar na totalidade desse vasto universo. É uma questão de buscar o máximo, e aproveitar o máximo, para depois poder beber desse manancial. Então, "Carpe Diem". No mundo atual, e com tudo que estamos assistindo lá fora, tem ficado latente o quanto somos privilegiados em poder usufruir tão sábios ensinamentos contidos na filosofia maçônica e da fraternidade dos Irmãos, verdadeiro cimento que une a nós todos. Não vemos com dificuldade nenhuma discernir essa riqueza de conhecimentos que adquirimos no interior dos nossos Templos e no convívio com os Irmãos, das tantas superficialidades provindas do mundo profano e com as quais somos bombardeados o tempo todo. Valores, por onde andarão os valores nesse mundo de hoje, onde impera o ter em detrimento do ser? Alguém saberia responder-me? Sabemos existir um sentimento permanente de infelicidade a campear pelo mundo, um imenso vazio que os "cosméticos" todos da Internet, as facilidades todas da tecnologia, e os aconselhamentos repetitivos dos falsos gurus da literatura de Autoajuda não conseguem suprir, ou se conseguem é somente de forma momentânea, pois a busca terá prosseguimento logo adiante. Há de se notar então a diferença em termos de conhecimentos, meus Irmãos, e o quanto a maioria dos que vêm de fora é descartável. Vivemos um perigo constante que, traduzido, significa, "pior do que não ter informação, é ter uma informação ruim ou errada". Umberto Eco, em recente entrevista à revista Época, manifestou-se sobre a Internet da seguinte forma:

> *A Internet não seleciona a informação. Há de tudo por lá. A Wikipédia presta um desserviço ao internauta. (...)*

E mais adiante:

> *Se você sabe quais os sites e bancos de dados são confiáveis, você tem acesso ao conhecimento. Mas, veja bem: você e eu somos ricos de conhecimento. (...) A Internet é perigosa para o ignorante porque não filtra nada para ele. Ela só é boa para quem já conhece – e sabe onde está o conhecimento. A longo prazo o resultado pedagógico será dramático. Veremos multidões de ignorantes usando a internet para as mais variadas bobagens: jogos, bate-papos e busca de notícias irrelevantes.*

Algumas das missões da Maçonaria, esta Instituição da qual devemos orgulhar-nos de sermos pertencentes, na visão do Irmão Valdemar Sansão, podem ser entendidas assim:

> *Buscar a verdade e a coesão fraterna, incrementando o compromisso entre seus Obreiros (Irmãos), através do estudo da filosofia e prática de ações sociais, beneficentes, políticas, culturais, altruísticas, filantrópicas e de solidariedade, visando o aprimoramento de seus valores*

pessoais, desenvolvendo trabalhos que possam servir de exemplos à sociedade, objetivando o ideal maçônico.

E eu pergunto: Para que estudamos e nos esforçamos? Certamente, duas das finalidades, pelo menos, devem ser pensar e resolver os problemas do nosso ambiente social. Pelo lado humanístico, a Maçonaria tem se encarregado de grande parte do conhecimento que precisamos, além de fazer com que sejam exacerbadas em nós muitas das nossas melhores capacidades. Seria impossível, até pelo ritmo de cada um, fazer uma exigência dos Irmãos no sentido de tornarem-se leitores em potencial de um Schopenhauer, de um Bauman, de um Lipovetsky ou Nietzsche (isso são somente exemplos, por favor...) mas, na medida do possível, é importante sabermos um pouco do teor das inquietações que muitos filósofos trazem, das indagações que fazem visando interpretar o mundo, como eles se movimentam no terreno das ideias e até o que e quem eles querem atingir com suas provocações, pois é ponto fundamental que também aprendamos desde cedo a questionar, e que exercitemos a nossa capacidade de pensar, pois só haverá transformações ocorrendo de verdade, quando houver perguntas precedendo-as. Em uma instrução anterior, usei da seguinte colocação: com tantos símbolos em derredor querendo conversar conosco, com tantas perguntas para as quais, muitas ainda carecem das respostas adequadas, é urgente que estabeleçamos canais de comunicação, e que construamos pontes. Mestres devem esticar suas antenas para captarem e transmitirem mais, ou no mínimo trocarem mais informações. As leituras de cada um, se pertinentes, focadas, darão possibilidades melhores de crescimento por ocasião do interagir com os demais Irmãos e serão sempre o melhor tipo de subsídio para exercitarmos o raciocínio. Aliás, quando um texto leva-nos à reflexão, é porque estamos ingressando no terreno da filosofia. Quando exercitamos a nossa crítica, mesmo de uma forma muito particular, estamos evoluindo pelo simples fato de optarmos pela maneira que julgamos mais correta, ou a escolha que elimine a possibilidade de recairmos em autores possuidores de mensagens superficiais, os meros "adoçadores de palavras". Em tempos de "modernidade líquida", onde é impossível estarmos saciados, ou onde nem bem assimilamos um conceito, e já estamos na obrigação de fazer o *"download"* de outro, temos obrigatoriamente de ser seletivos, já que resumindo, e fazendo alusão ao conceito de "modernidade líquida", o que vale hoje, amanhã nem tanto, e depois de amanhã, mais nada. É muito importante separar o joio do trigo, ainda que para agirmos assim é natural que tenhamos de ir aprendendo aos poucos, e da prática constante, chegar a um saber que valha a pena saber. A Maçonaria detém um cabedal enorme de conhecimentos, e pedagogicamente vai colocando-nos os mesmos em doses homeopáticas, para que possamos sorvê-los melhor, no processo de assimilação. É um grande método de aprendizagem, onde não se inclui aquele tipo de conhecimento descartável, supérfluo, ou "líquido", pois o que a Maçonaria vem nos apresentar é sabidamente a essência das tantas filosofias e escolas de mistério até aqui reunidas pelos maiores sábios que a Humanidade produziu e que nos antecederam em todas as épocas. Se estudarmos com bastante afinco, ao longo do descortinar de cada um dos vários Graus, encontraremos, ouso dizer, o sentido para tudo o que estamos buscando.

Depois de estarmos afastados, por um período como esse que acabamos de cumprir, ou até mesmo quando de uma semana entre uma Sessão e outra, ao adentrarmos na Loja, é muito comum que os Irmãos logo após sentarem-se nos seus lugares em Loja, perscrutem o Templo com ares de primeira vez, como se mapeando todo o ambiente no intuito de certificarem-se dos Símbolos ainda estarem ali, tal como haviam sido deixados. Agora, será que alguém dentre vós poderá responder-me: Não temos, às vezes, a estranha sensação de haver algo novo ali, ou que o que era um simples detalhe antes, de repente, acabou tomando uma dimensão bem maior? Bem, podemos concluir que isto pode ser um ótimo sinal denotando o quanto já sentimo-nos parte do todo. Por outro lado faz acender aquele tipo de dúvida sobre o quanto realmente sabemos, e o quanto ainda temos por descobrir. Outrossim, em contrapartida, leva-nos a reconhecer o quanto é necessária a nossa presença em Loja, uma das condições básicas para obtermos o aprendizado sólido. Se ainda não sabemos tudo do que sabemos, quão profundamente o sabemos? Questão relevante, ainda mais se pensarmos que de tudo o que falamos até aqui, queridos Irmãos, foi sobre o conhecimento em um dos seus aspectos, e há muitos outros. Para terminar quero dizer-lhes que as outras ferramentas que a Maçonaria colocou em nossas mãos, e que servem em primeira instância para desbastar a Pedra Bruta e construirmos o nosso templo interior, dão a ideia da dimensão de tudo isso: a de que esse tipo de trabalho, o qual aceitamos por ocasião da nossa Iniciação na Maçonaria, jamais vai possibilitar a qualquer um de nós Maçons, requerer um afastamento ou qualquer tipo de aposentadoria, pois é um trabalho para o resto das nossas vidas. Mãos à obra, meus queridos Irmãos!

BIBLIOGRAFIA

DA CAMINO, Rizzardo. *Os Painéis da Loja de Aprendiz*. Londrina: "A TROLHA", 1994.

MANUAL de Procedimentos Ritualísticos e Ritual e Instruções do Grau de Aprendiz Maçom do Rito Escocês Antigo e Aceito – GORGS – 2010-2013.

REVISTA Época – 2 de janeiro de 2012.

REVISTA Filosofia – nº 15.

SANSÃO, Valdemar. *O Despertar para a Vida Maçônica*. Londrina: "A TROLHA", 2005.

As Relações entre a Maçonaria e a Ciência: Existe uma Ciência Maçônica em Gestação?

A Maçonaria é uma instituição essencialmente iniciática, filosófica, filantrópica, progressista e evolucionista. Proclama a prevalência do espírito sobre a matéria. Pugna pelo aperfeiçoamento moral, intelectual e social da humanidade, por meio do cumprimento inflexível do dever, da prática desinteressada da beneficência e da investigação constante da verdade. Seus fins supremos são: Liberdade, Igualdade, Fraternidade.

Na definição acima, sinteticamente são colocados os objetivos da Maçonaria. Não cabe aqui apontar em que contexto exato esta definição é a mais adotada, ou no âmbito de qual Potência, pois o propósito aqui puro e simples é somente colocar em evidência as cinco palavras utilizadas ao final da sua primeira linha: iniciática, filosófica, filantrópica, progressista e evolucionista. Tentemos definir cada uma delas, a começar por Iniciática, que chega a ser evidente, pois a Instituição exige o cumprimento de um Ritual para o ingresso do Candidato, neste caso a Cerimônia de Iniciação. Filosófica: a Maçonaria busca a Verdade, as causas primeiras, admite uma grande variedade de posições filosóficas, e a partir daí procura essencialmente melhorar a condição humana. Filantrópica: presta auxílio em diversos campos de formação do homem, compreendidos o físico, o moral, o intelectual e o social. Promove a benemerência e a solidariedade constantemente. Progressista: a Maçonaria usa de conservar o melhor do passado para podermos compreender o nosso presente, e assim podermos preparar um futuro bem melhor, além do mais, a Maçonaria não aceita a estagnação do homem. Evolucionista: este adjetivo é o que mais tem gerado polêmica, pois alguns entendem que o mesmo tem uma acepção biológico-filosófica, remetendo portanto ao Darwinismo, e até mesmo entrando em conflito com a proclamação da prevalência do espírito sobre a matéria. Por outro lado, o mesmo sugere uma resistência a todo e qualquer dogma, o que então se mostraria também favorável a uma busca da Verdade, através da pesquisa científica e filosófica.

Após esta introdução, já podemos detectar entre os objetivos da Maçonaria um pouco do seu relacionamento para com a ciência: é possível deduzirmos que a Maçonaria esteve e está aberta, no sentido da busca, e, portanto, atua como ciência especulativa, investigando sobre as verdades Divinas. Isto é somente um ângulo. Um outro ângulo, pode ser o de que não cabe à Maçonaria fazer ciência, mas isso no que se refere à tecnologia, pois a Maçonaria deve fazer ciência enquanto Moral, enquanto cumprir a sua natureza de propiciar os ensinamentos para o aperfeiçoamento do ser humano. Sendo nós, os Maçons, egressos dessa mesma sociedade (onde agora, parte do tempo ela é "invisível", ou virtual) não deveríamos também estar discutindo tais assuntos, ou a Maçonaria não precisa tomar posicionamento ou dessa outra sociedade fazer parte? Seria fazer ciência, discutir o próprio uso descontrolado de muitas das descobertas científicas e suas consequências para o homem, como os mais recentes avanços envolvendo a Genética e afins, discutir sobre a Internet e a privacidade, aonde vem pesar até a exposição banal de assuntos afetos à Maçonaria, além de outros tantos assuntos, ou a Maçonaria e os Maçons, não devem olhar para o futuro, principalmente esse que a ciência atropela todos os dias? Como a Maçonaria se situa no tempo, e em que tempo ela está situada? Daí para podermos caracterizar uma tendência clara do estudo ou pesquisa científica embutida na Maçonaria, mesmo para cuidar do nosso próprio futuro, há que se ver e analisar outros aspectos. Na relação que se estabeleceu entre Ciência e Maçonaria ou vice-versa, depois da ciência da construção, da arquitetura, que talvez tenha ficado num terreno mais simbólico, houve a influência clara do Iluminismo, que trazia como bandeiras a razão e a própria ciência. Numa primeira análise, que corre o risco de ser superficial, parece que durante os primeiros tempos da Especulativa, a Maçonaria foi sacudida por mudanças de toda ordem, para nos tempos modernos viver em certo repouso. Como a Maçonaria vai poder transitar como agente de modificações, no mundo real, no mundo virtual, e sem deixar de focar o mundo ideal? Foi no período, chamado "Século das Luzes", que a Maçonaria, em função da estrutura herdada da Operativa, com as suas guildas de características muito próprias de disciplina e ordem, apresentou um cenário propício e ambientes adequados para que começassem a ser plantadas as sementes da transição para o mundo que ansiava por transformações. Muitos daqueles que passaram a ser acolhidos pela Maçonaria, eram filósofos e homens de ciência, começando aí a discussão das ideias que iriam fazer o mundo das crenças, e da magia, dominantes até então, sofrerem uma grande reviravolta. Novos ventos trazendo consigo mudanças importantes começavam a soprar, a razão e a ciência chegavam para varrer algumas das velhas e tolas crendices que assolavam a Europa.

Em um artigo muito interessante de autoria do Irmão José Aristides Fermino, intitulado "A Maçonaria como Ciência", ele começa falando em sua introdução, da tendência natural do homem ao gregarismo, até evoluir para a formação dos grupos sociais. Posteriormente, tece algumas considerações sobre os Maçons como classe social inserida na Mega Sociedade (que é assim, como ele a denomina), com suas leis próprias, comportamentos sociais determinados por códigos de ética e moral, e donos de uma conduta ritualística regida pela disciplina e pela ordem, para logo após situar, "a Maçonaria como uma sociedade estanque, separada da Mega Sociedade, ainda que dentro dela, com um desenvolvimento próprio. (...) separada do seu contexto maior, com princípios e finalidades próprias, e despertando a curiosidade das demais". O autor ao dar prosseguimento, acena com uma expectativa que estaria sendo criada no seio da própria Mega Sociedade, que diz respeito a conhecer ou decifrar a sociedade maçônica, e entende que este tempo está chegando. Mostra que já existe um interesse neste sentido, o que tem sido já apontado por vários autores maçonólogos, inclusive ele, em citarem a Maçonaria como ciência a ser estudada. Aliás, a Maçonologia é uma palavra recente, e demonstra quão grande é a necessidade de haver uma disciplina para se ocupar unicamente do estudo da Maçonaria que é muito vasto. A Maçonaria é uma ciência, então? Não existe ainda uma opinião que seja de pleno consenso.

No mesmo artigo, a título de preâmbulo, escrito por quem se intitula "Mestre Beraldo", é dito assim, à determinada altura:

> *Essa chamada sabedoria maçônica das idades nasceu sempre da observância, de reflexão e até mesmo da comprovação experimental. Aliás, se quisermos nos referir à ciência maçônica especulativa, havemos de ter consciência que ela é multidisciplinar, cujas conotações são de ordem artística, filosófica, científica e também religiosa, embora a Maçonaria não seja uma religião, com as peculiaridades do sectarismo (plano salvífico, dogmas etc.).*

Agora, voltando ao Irmão José Aristides Fermino, ele também faz questão de fazer referência, ainda que, sem se utilizar de quaisquer passagens, de um estudo do Padre Valério Alberton intitulado "A Maçonaria, ciência nova?", e alerta para a fato de que considerada a interrogação do título, ela serve como prova, então, de que existe uma preocupação real neste sentido. Na verdade, o Padre Alberton, neste seu texto, utilizou-se do questionamento que se fez Alec Mellor, lá pelo ano de 1963, quando deixando-se levar por um exercício de imaginação, acabou vislumbrando num dia futuro, a ocorrência de um congresso mundial maçônico, onde nesse cenário a Maçonaria Universal decretaria a sua própria dissolução, e de forma irrevogável. A partir disso, teoriza sobre o que poderia ser um legado de tal importância, achando que logo brotaria daí "um novo ramo do velho tronco da ciência histórica à Maçonologia". Ainda, na continuidade, aventa hipóteses para depois desse evento, onde fundar-se-iam institutos, cátedras de maçonologia, congressos internacionais, e até mesmo uma febre de saber tomaria posse dos eruditos, a exemplo do que ocorreu na Renascença. E nesse descortinar, nesse cenário de expectativas, talvez viesse à luz a verdadeira face da Maçonaria, já que ela poderia ser bem diferente do que seus contemporâneos a imaginavam. Mas são conjeturas, e a aposta seria numa curiosidade que a Sociedade detém sobre a Maçonaria, e que talvez a própria Maçonaria não tenha sabido compreender. O xis da questão, na realidade, é que a Maçonaria pareceu nunca ter existido aos olhos dos historiadores, ao mesmo tempo em que virou uma espécie de tabu falar sobre a Maçonaria pelos mesmos. O que deve ser discutido e à exaustão é que a história não é uma só, sendo que a história da Maçonaria indiscutivelmente faz parte da história geral. Não pode mesmo é existir uma dissociação, e parece que até o momento as duas se ignoram.

Por outro lado, nesse seu Trabalho, o Irmão José Aristides Fermino faz questão de colocar a importância da tese defendida pelo Padre A. Ferrer Benimelli intitulada "Historia de la Masonería Espanhola en el Siglo XVII", onde fica evidenciado o estudo científico da Maçonaria, algo como afirmar que já existe um outro tipo de reconhecimento em curso. Aliás, não deve ser à toa que cada vez espalha-se mais o número de Lojas e centros de pesquisas pelo mundo, interessados em estudar a Maçonaria do ponto de vista científico e histórico. Isso tudo, sem falar das teses que estão sendo defendidas em várias universidades, sempre em número crescente, conforme o que tem sido revelado. A verdade é que antes mesmo do século XVII, a Maçonaria já havia acordado para a ciência moderna sob a fachada da Real Sociedade. E, na prática, a "Royal Society" jamais afastou dos seus interesses maiores as questões de ordem espiritual, já que alguns dos seus membros como Sir Isaac Newton e Robert Boyle possuíam ligações com a alquimia. A Maçonaria Especulativa nasceu então com uma postura científica e religiosa. A partir desse mesmo século, na Europa particularmente, a produção do conhecimento passara a exercer um papel de extrema relevância. A Filosofia e a Ciência ocupavam espaços com suas pretensões de afastarem as visões míticas ou fantasiosas, e no intuito de encontrarem verdades universais por meio da razão. O "Século das Luzes", na visão de Castellani, e a exemplo do que já foi citado ligeiramente, foi visto como de grandes influências para a Maçonaria. Disse ele:

> *Esse movimento do iluminismo cultural, que atingiu diversos países, teve representantes nas correntes humanista, criticista e naturalista, sendo os seus maiores representantes, Lessing, Locke, Voltaire, Diderot, Condorcet e Helvetius, entre outros, devendo-se notar que quase todos eles eram membros da Maçonaria (na França e na Alemanha), que eram na época os maiores baluartes maçônicos da Europa, do ponto de vista intelectual e político.*

Um outro ponto abordado por Castellani:

> *O principal objetivo da atividade maçônica é a busca incessante da Verdade que conduz à Luz; e essa verdade pode ser moral, espiritual ou mental, em suma, mas pode ser também, a verdade social, a verdade política, a verdade, enfim, da Liberdade e do bem-estar material*

dos povos, pois a Maçonaria, embora tenha sua filosofia estribada no misticismo, é, na realidade, uma reformadora social. Nascida na esteira dos ideais liberais e libertários da humanidade, numa época de absolutismo e de dogmatismo clerical, a Maçonaria colocou-se na vanguarda, não só do renascimento cultural e científico (o que valeu as iras do Santo Ofício contra os seus membros), mas também na da luta pelas grandes reformas sociais, através da sua decisiva participação nos grandes movimentos de libertação humana, de sua presença nos conflitos de ideias e de sua importante intervenção na solução dos grandes problemas internacionais.

Para a ciência que estava surgindo, havia uma necessidade imperiosa de acabar com a necessidade de invocar forças ocultas e propósitos divinos para entender o que estava ocorrendo no seio da natureza. O fundamental para um dos filósofos da época, Francis Bacon, era identificá-las por meio da observação, e o seu objetivo maior nada mais era que desmontar esse quebra-cabeça que compreendia um "Todo", decifrá-lo por intermédio da razão, e transformá-lo num vasto campo de observação, tornando-os segmentáveis. Há um estudo que foi publicado pela revista "A TROLHA", e que é da autoria de vários Irmãos, intitulado "A Maçonaria e a Ciência", que vem apresentar passagens bem interessantes para o presente Trabalho:

(...) a Maçonaria também se renova, uma vez que é um sistema de moralidade desenvolvido e inculcado pela ciência do simbolismo, podendo ser interpretado por diversos ângulos, de acordo com a capacidade intelectual, emocional e hermenêutica de cada um. (...) Essa reflexão construída a partir de diálogos com a tradição filosófica, epistemológica e hermenêutica, desemboca no filósofo Gadamer, para quem a verdade não está apenas

no que tem a chancela e o carimbo científico, mas também a experiência com as artes, a história e a filosofia têm conteúdos de verdade. Revigora-se assim a ciência simbólica e tradicional da Maçonaria. (...) O fenômeno da compreensão perpassa não somente tudo que diz respeito ao ser do mundo do ser humano. Tem vitalidade independente também no terreno da ciência e resiste à tentativa de deixar-se ser reinterpretado com um método da ciência. As pesquisas a serem apresentadas vinculam-se a essa resistência que vem se afirmando, no âmbito da moderna ciência, contra a reivindicação universal da metodologia científica. Seu propósito é o de procurar por toda parte a experiência da verdade, que ultrapassa o campo do controle da metodologia científica, e indagar de sua própria legitimação, onde quer que a encontre. É assim que se aproximam as ciências do espírito das formas de experiência que se situam fora da ciência: com a experiência da filosofia, com a experiência da arte e com a experiência da própria história. Todos estes são modos de experiência, nos quais se manifesta uma verdade que não pode ser verificada com os meios metódicos da ciência. (...) A verdade que uma pessoa experimenta diante de uma obra de arte é única. Podemos aqui acrescentar que a verdade que um Iniciado experimenta e persegue em Loja, também é única. Assim, o método científico se apresenta enquanto um instrumento de correção das distorções, tratando-se basicamente de uma manipulação de objetos, de uma espécie de remédio para as dificuldades que encontramos. Na hermenêutica filosófica, contudo, a vida humana é concebida como um horizonte de possibilidades não decididas. Na tradição científica cartesiana o sujeito concebe o mundo, pois o mundo é fruto de seus pensamentos, "penso, logo existo". Na Hermenêutica

> *ele é forjado a partir do mundo, a "partir da tradição de sentido onde ele está situado". A tradição é o outro na relação com o sujeito, que aqui pode ser entendida como tradição maçônica, com a qual o Iniciado interage através da linguagem, no caso, simbólica, buscando compreender as proposições desta tradição em que vive, linguagem esta que se traduz num constante questionamento, onde a pergunta e os motivos de sua elaboração prevalecem sobre a resposta, assemelhando-se à maiêutica socrática, e diferenciando-se da filosofia analítica da linguagem que apenas analisa os enunciados, mas não os desvela em relação à tradição, bem como em relação aos preconceitos ou preconcepções.*

O que devemos saber, conforme conclusões expostas num artigo chamado "A Incerteza das Verdades Científicas", da Revista Filosofia, é que:

> *A filosofia foi fundamental para o surgimento da ciência, as grandes teorias filosóficas sempre preferiram a especulação à observação, o desvelamento do "Todo" ao acompanhamento das partes. O empirismo, a despeito de suas limitações e debilidades, foi revolucionário ao decretar que o conhecimento só é alcançável caso o pesquisador evite se antecipar à realidade por meio de grandiloquentes teorias. Se a história intelectual está umbilicalmente ligada ao desiderato de se chegar à verdade, e aqui especificamente se a Maçonaria busca a verdade à sua maneira, terá de assumir a partir do momento que se pretenda ciência, a postura e a atitude de crítica diante das suas teorias. Se novos caminhos estão sendo fundados, se outros enfoques estão aparecendo, novos paradigmas, se as atuais pesquisas científicas voltadas às ciências humanas estão aceitando as contribuições de*

várias outras áreas de estudo, interagindo, para entender o ser humano, o homem atual, as relações sociais, a Maçonaria também tem de se renovar, compreendido o aspecto do inter-relacionamento, pois, senão seria praticamente fazer ciência, sem adotar posição diferente àquela que já foi dita como estanque.

A Maçonaria tem um cabedal de informações, uma história, uma ligação com as mais variadas filosofias, religiões e escolas de mistérios de quem recebeu influências, uma herança cultural dos mais variados povos da antiguidade, uma participação nos rumos da humanidade nesses últimos séculos, que merece cada vez mais um estudo aprofundado, considerando-se até como fundamental uma certa urgência de tempo, e como nas palavras do Irmão José Aristides Fermino:

> *Temos pouco tempo para nos preparar, para dar à Mega Sociedade as respostas que necessitarão, o exemplo, a conduta, a ética, a moral, a interação geral como elemento social, não serão suficientes. Temos, isto sim, muito que estudar, pesquisar.*

A Maçonaria possui o seu conjunto organizado de conhecimentos, e somente na área de ciências sociais, há uma verdadeira mina exigindo que sejam feitas explorações, e o mais impressionante é que existem inúmeras outras áreas todas ricas em minérios, alguns deles expostos à flor da terra, e outros guardados muito profundos. Uma outra opinião que merece ser levada em conta, considerando o processo em curso é o que disse Arthur Meucci:

> *Seria muito interessante para as ciências se preocuparem em controlar o processo dissociativo das especialidades e buscarem a integração do conhecimento. Do contrário, em um futuro próximo, podemos assistir a uma "guerra*

santa" dentro da Ciência. Inúmeras esferas, com visões "científicas" sobre o mundo, totalmente reducionistas, brigando ferozmente para impor a explicação mais legítima da realidade. Disputas estas que não poderão ser mais mediadas satisfatoriamente pela constatação empírica.

REFERÊNCIAS BIBLIOGRÁFICAS

Livros

ALBERTON, Padre Valério. "A Maçonaria, Ciência Nova?". CADERNO DE PESQUISAS MAÇÔNICAS – CADERNO 12. Londrina: "A TROLHA", 1996.

______. "Estudos Maçonológicos". COLEÇÃO A TROLHA (COLETÂNEA DE TRABALHOS). Londrina: "A TROLHA", 1997.

CASTELLANI, José. *As Origens Históricas da Mística Maçônica*. São Paulo: Landmark, 2003.

DICIONÁRIO Enciclopédico Ilustrado "Veja" Larousse. v. 6. Ed. Abril, 2006.

LOMAS, Robert. *A Maçonaria e o Nascimento da Ciência Moderna* – O Colégio Invisível. São Paulo: Madras, 2007.

Revistas

MICHEL, Adalberto Paulo; LIMA, Alexandre Neiva de; THEOBALD, Henrique Rodolfo e MICHEL Walter Rogério. "A Maçonaria e a Ciência". **"A TROLHA"**, Londrina, n. 279.

DIVERSOS AUTORES. "A Maçonaria e os Avanços Tecnológicos e Científicos do Século XXI". **"A TROLHA"**, Londrina, n. 219.

FERMINO, José Aristides. "A Maçonaria como Ciência". **"A Voz do Oriente"**, n. 87.

OLIVA, Alberto. "A Incerteza das Verdades Científicas". **"Filosofia"**, n. 49.

MEUCCI, Arthur. "A Dissociação Científica".

Internet

"A Igreja e a Maçonaria". Disponível em: <www.recantodasletras.com.br/resenhas/32013050>.

Comentários Acerca da Intolerância Religiosa, dos Conceitos sobre Tolerância Desenvolvidos por Locke e Voltaire e Ainda sobre o Exercício da Tolerância na Maçonaria

Alguém já disse que o Livro da Lei pode se transformar num livro de contos de caráter simplório quando lido de forma literal, ou, usando outras palavras, quando feita a sua leitura ao pé da letra. Talvez o autor desta conclusão não devesse ser tão reducionista em suas considerações e não devesse rotular tudo de uma forma quase banal, mas, se tudo é mesmo uma questão de interpretação, como dizem por aí, seria pelo fato de existir tantas delas que ocorrem os conflitos religiosos? Residiriam aí as raízes de tanta intolerância religiosa pelo mundo afora? Outros autores dizem que a Bíblia contém uma linguagem bem complexa, metafórica e difícil de ser compreendida. Nós sabemos que a Bíblia, da maneira que é relatada, está ligada ao pensamento religioso daqueles que a redigiram e dos que depois a transmitiram. Além do mais, a partir do momento em que foram decifradas as tábuas com escrita cuneiforme provindas da antiga Mesopotâmia e, encontrada ali uma história que se assemelhava em seus mínimos detalhes ao relato que constava na Bíblia sobre o Dilúvio, houve uma grande reviravolta, já que esta descrição por si só, inscrita na 11ª tábua da Epopeia de Gilgamesh provou que por ser anterior à Bíblia, tinha sido uma das suas fontes de inspiração, e consequentemente colocou-a a partir daí na corrente da literatura universal e na cadeia sem fim de obras que foram redigidas pelos homens. O que representam os relatos que a Bíblia contém, considerando o fator tempo, na história dos homens? Uns mil anos aproximadamente, e isso levando em conta a sua totalidade, ou seja, acrescida dos textos sobre Jesus que vieram depois para se juntarem à antiga coleção de narrativas que os judeus haviam criado. Há quanto tempo o homem ocupa o nosso planeta? Há milhões de anos. Claro que a maior parte desse tempo, sabemos nós, ainda na condição de um animal errante, e talvez a sua organização social não venha a ultrapassar mais que 4.000 anos. De qualquer forma, não há como medir o tempo exato do seu ingresso na História, e também de quando foi mesmo que passou a ser considerado um animal religioso. Na verdade, independentemente de aderirmos ou não ao que a Bíblia conta, ou se ela está de fato vinculada a Deus, ela de qualquer forma sintetiza alguns dos momentos mais altos da história da humanidade, e isso sim tem um peso enorme. Nesse aspecto referente ao desenvolvimento da religiosidade do homem, até para ilustrarmos melhor, convém usarmos um pequeno trecho do livro de Carlos Alberto Gonçalves, intitulado “REGNVM”, onde ele diz:

> *A atração causada pelo mistério, desde os primórdios da humanidade, é fato mais que comprovado. Essa atração, se assim pode ser definida, movimenta milhões de pessoas, quer em cultos religiosos, seitas, quer em buscas movidas pela simples curiosidade de obter algumas respostas, quer*

nos movimentos filosóficos, enfim, pelas multivariadas formas capazes de satisfazer a essa necessidade que todos têm intrinsecamente, muito embora nenhuma delas leve a qualquer lugar próximo da Verdade, haja vista serem concebidas pela mente humana.

Evidentemente, podemos deduzir que o ser humano vem se relacionando com a dimensão divina há alguns milhares de anos. Será que por conta do que foi dito até aqui, daria para imaginarmos em quais momentos ao longo desse tempo a discórdia e a intolerância estiveram presentes na esfera das religiões? Difícil seria montar esse quebra-cabeças, mas, impossível não arriscar que são tantos os capítulos de verdadeiro horror que a história das religiões proporcionou, que dá para dizer ter sido quase o tempo inteiro, ou que são quase inerentes uma a outra. O filósofo inglês John Locke (1632-1704), foi uma das primeiras vozes a se levantar contra a intolerância religiosa e assim se referiu em sua obra intitulada "Carta sobre a Tolerância":

Não é a diversidade de opiniões, algo que não pode ser evitado, mas a recusa da tolerância com os que são de opinião diferente, o que deveria ser reconhecido, que tem produzido todas as batalhas e guerras que ocorrem no mundo cristão, sob o pretexto da religião.

Por incrível que pareça, na época em que o filósofo viveu, no século XVI, a "tolerância" tinha um outro significado, o que era quase o mesmo que ser traduzida por indiferença religiosa. Já a intolerância, por sua vez, era considerada uma virtude, ou também um posicionamento firme com relação aos preceitos morais. Uma tese largamente utilizada para justificar a intolerância nesse período dizia que a religião devia desempenhar certas funções de Estado, e ao mesmo tempo defendia-se a ideia de que um Estado para ser forte deveria possuir uma única religião. Nesse século de extrema intolerância ocorreu a Reforma, e uma expansão acentuada do Protestantismo, além de inúmeras controvérsias no âmbito do Catolicismo. Os argumentos de Locke em defesa da tolerância e contra a intolerância foram tão importantes a ponto de serem utilizados mais tarde pelos Iluministas do século XVIII. Será que estaríamos nos antecipando se disséssemos já visualizar aí algumas das influências que a Maçonaria veio a receber de parte da corrente Iluminista? Ainda segundo Locke, e aqui, observem, ele é bastante polêmico, os intolerantes não são dignos de ser tolerados. Os católicos e os ateus, na sua visão, eram os intolerantes. Uma das causas era o fato dos católicos se associarem a uma Religião e se entregarem à proteção e também ao serviço de outro príncipe, o Papa, que é o chefe da Igreja Católica. Neste caso, ele dizia que eram justificáveis que fossem adotadas medidas de precaução. Também os ateus não deveriam ser tolerados, pois aqueles que negam a existência de Deus não seriam dignos de confiança. Na realidade, Locke também tinha uma preocupação política, ou muito mais de ordem política nestas questões, pois, o que ele queria mesmo era negar a tolerância irrestrita que os católicos se arvoravam, e no tocante aos ateus, é que se eles não juravam, é porque não tinham por quem jurar, significando então que a ordem da sociedade estava em perigo. Como ideias têm consequências, nasceu das suas teses a consciência de que deve haver uma separação total entre o poder político e o religioso. Utilizando-me ainda do pensamento revolucionário desse filósofo, e considerando o contexto de então, é possível ver o quanto ele conseguia ser profundo em suas conclusões:

> *Todo poder do governo civil relaciona-se apenas com os interesses civis dos homens, está limitado aos cuidados com as coisas deste mundo e não tem nada a ver com o mundo que virá depois.*

É importante sabermos também que a carta de Locke não defendeu em nenhum momento que o poder religioso deveria ser substituído pelo poder civil, mas que deveria haver uma divisão. Um dos maiores males do mundo moderno é a troca do Deus religioso pelo Deus Estado. Hoje nós podemos dizer que o mundo seria muito melhor do que é se houvesse maior tolerância religiosa, e não teríamos que considerar sobretudo um limite para a tolerância, a exemplo do que foi defendido por um filósofo atual, Karl Popper, quando disse:

> *Não devemos aceitar sem qualificação o princípio de tolerar os intolerantes senão corremos o risco de destruição de nós próprios e da própria atitude de tolerância.*

Foi num contexto bastante semelhante, que o filósofo francês Voltaire (1694-1778) se debruçou bastante sobre a temática, e até alargou o conceito de tolerância, a partir das suas reflexões. A construção da tolerância como um valor moral, muito se deve à sua defesa exacerbada da condição humana. Dizia que devemos tolerar-nos porque somos fracos, inconsequentes, além de estarmos sujeitos aos erros e à mutabilidade. Aliás, foi também num ambiente de grande intolerância religiosa que Voltaire cresceu, e aí começou a nutrir sua antipatia pelo fanatismo. Não custa nada dizer aqui que uma das definições para o verbete fanático é: aquele que se considera inspirado por uma divindade, pelo espírito divino; iluminado. Para Voltaire, "todo dogma é ridículo, funesto; toda coação baseada no dogma é abominável". Voltaire não era ateu, defendia a religião como necessária, e dizia que se as leis protegiam contra os crimes conhecidos, a religião protegia contra os crimes secretos. Defendia, no entanto, uma posição muito própria, pois argumentava que quanto mais seitas existissem, menos perigosa cada uma delas seria, pois a multiplicidade enfraquecia-as. E ao dizer que "a desconfiança aumenta quando se percebe que o objetivo de todos aqueles que estão à frente das seitas é dominar e enriquecer quanto puderem, e que, desde os "daris" do Japão até os bispos de Roma, a única preocupação foi erguer para um pontífice um trono fundado na miséria dos povos e muitas vezes cimentado com seu sangue", ele conseguiu ser de uma atualidade impressionante mesmo sem ter vivido acontecimentos que nós, os homens do presente, estamos acostumados a observar, seja pelos noticiários da televisão, ou até ao nosso redor, haja vista convivermos com fundamentalismos e seitas recentes que sabidamente atuam baseadas na fé e na credulidade dos incautos e necessitados para garantir uma vida nababesca para os seus "líderes espirituais". Somente para corroborar o que foi dito, e é bom sempre termos em mente, o nosso mundo atual está repleto de oportunistas de plantão, prontos para manipularem os leigos e os inocentes. Citando novamente Carlos Alberto Gonçalves em outra passagem do seu livro "REGNVM", ali é dito que, quando o filósofo Voltaire foi Iniciado Maçom em Paris, o mesmo assim esclareceu na ocasião:

> *Dirijo minha luta não contra as crenças religiosas dos homens, mas contra os que exploram a crença. Detestemos essas criaturas que devoram o coração de sua mãe e honremos aqueles que lutam por elas. Acredito na existência de Deus. Em verdade, se Deus não existisse, seria preciso inventá-lo. Meus Deus não é um Rei exclusivo de uma ordem eclesiástica. É a suprema inteligência do mundo, obreiro infinitamente capaz e infinitamente imparcial. Não tem povo predileto, nem país predileto, nem igreja predileta. Pois, para o verdadeiro crente, apenas uma única fé, justiça igual e igual tolerância para toda a humanidade.*

Imaginem só, um homem que naquela época teve o atrevimento de condenar a ideia vigente de a heresia ser considerada um crime, para dizer que na sua concepção heresia era uma opinião diferente do dogma aceito em dado local. Se eu fosse agora dar prosseguimento a essa pesquisa falando das barbaridades que acompanharam de perto a história das religiões, iria gastar muitas páginas, então não vou me deter aqui sobre o assunto em sua totalidade, mas também não deixarei de dar algumas rápidas pinceladas relatando brevemente sobre o fato de que a Igreja de Roma fez correr rios de sangue, seja por parte da Santa Inquisição, seja pelas perseguições movidas aos judeus, aos huguenotes, aos cátaros, aos albigenses, aos árabes, aos gnósticos, e muitos outros mais. Também não irei falar da intolerância no campo das ideias, e somente cito alguns nomes conhecidos que dela foram alvo, como sejam Copérnico, Galileu, e Kepler, para fazer a referência devida, já que essa pequena lista poderia ser encompridada em milhares de nomes. Sabemos também que existiu e existe uma declarada intolerância aos Maçons, que rendeu no passado e rende ainda hoje muitos episódios. Falemos sobre a intolerância praticada por outras religiões: a guerra islâmica, ou Jihad, quantos milhões de vítimas já fez, e fará? Que religião é essa que declara todos os outros infiéis? O que dizer do hinduísmo com suas discriminações, dividindo a população em castas, condenando tantos e tantos inocentes antes mesmo de nascerem? O próprio judaísmo antes de ser perseguido não foi perseguidor, já que não aceitava os primeiros cristãos por serem uma dissidência deles mesmos? E os judeus ortodoxos em Israel com seus radicalismos, em plena atualidade? Como justificar os ataques infamantes movidos pelas religiões evangélicas aos cultos de origem africana e ao Espiritismo no Brasil? Será que é tão difícil, ou quem sabe é praticamente impossível ao homem se imaginar convivendo um dia com os seus semelhantes em pleno ecumenismo, já que ao falarmos de religião estamos falando unicamente de amor, tolerância, caridade...? Ou não é bem assim?

Pudemos observar ao longo das colocações que dão corpo ao presente Trabalho, que infelizmente as religiões tidas por organizadas, estão mais preocupadas em fazerem do sentimento religioso um instrumento de domínio político e de opressão intelectual, e aqui confesso estar parafraseando um trecho de autoria do Irmão Valdemar Sansão em um capítulo intitulado "Religião" do seu livro

"O Despertar para a Vida Maçônica". Destaco ainda, a seguir, um outro trecho dessa obra de grande importância, onde ele discorre brilhantemente e consegue sintetizar os objetivos da nossa Ordem com muita propriedade. Isso me dá subsídios para, com o excerto utilizado, responder à expectativa criada com o texto anterior. Afinal, que respostas podemos dar, ou que saídas podemos propor para essas encruzilhadas em que as religiões colocam a humanidade, quando pregam uma tolerância que é mais teórica do que prática? Citemos outros excertos da obra do Irmão Valdemar Sansão:

> *Os Judeus esperam o Messias; os Muçulmanos, o Hahdi; os Cristãos, a volta do Cristo; os Budistas Maytrea; os Hindus, o avatar de Vixnu que se encarna de tempos em tempos para o triunfo dos bons e destruição dos maus. Notamos a perfeita coordenação dos ensinamentos formulados pelos fundadores das Religiões e pelos organizadores das civilizações que a História nos mostra. O pensamento nosso é utilizar todas essas criações do passado, ou pelo menos uma parte de suas lendas, de seus símbolos, de suas cerimônias, para dela tirar os elementos de um sistema destinado a pôr em evidência as qualidades e as virtudes mais necessárias ao homem: a prática da solidariedade, a justificação da tolerância, a apologia do dever e do trabalho, o recurso incessante às luzes da razão e da consciência, a fé na Liberdade e no progresso, a convicção de que, antes de tudo, convém caminhar de acordo com o Poder que guia o mundo para a harmonia e a retidão.*

Percebemos que a Maçonaria procurou nos seus caminhos encontrar um que seja comum a todos, independente dos seus credos. Por outro lado, pudemos ver até aqui que por obra do fanatismo, e sob o pretexto de religião, muitos inocentes derramaram o seu sangue, isso quase sem tréguas, praticamente das Cruzadas da

Idade Média até os fundamentalistas dos nossos tempos atuais. Já o Maçom combate o fanatismo, a intolerância e a ignorância, pois isto consta nos preceitos da Ordem. Sem haver necessidade de renúncia para a sua fé, lutará pela Igualdade, pela Liberdade e pela Fraternidade. Tem plena consciência de que deve exercitar a tolerância, pois a partir do momento em que foi aceito numa Instituição onde todos acreditam em Deus, sem que o monopólio da verdade seja creditado a qualquer religião em particular, onde todos se tratam como irmãos sem distinções, e souberam um dia que pertenciam a uma Ordem sobre a qual o Padre Valério Alberton no seu livro "O Conceito de Deus na Maçonaria" deixou claramente subentendido, conforme comentário de Morivalde Calvet Fagundes no seu parecer, que a Maçonaria foi no mundo a pioneira do ecumenismo, isso dois séculos antes do Concílio Vaticano II, é indiscutível que possam e devam acreditar num mundo mais tolerante .

BIBLIOGRAFIA

Livros

ALBERTON, Valério. *O Conceito de Deus na Maçonaria*. Aurora.

BOTTERO, Jean. *Nascimento de Deus*. Paz e Terra, 1993.

CONSTANTINO, Rodrigo. *Uma Luz na Escuridão*. Soler, 2008.

Revistas

Filosofia – Ciência e Vida – números 40 e 41.

Considerações sobre a Astrologia e suas Influências na Maçonaria

É inegável a presença da astrologia nos Templos Maçônicos. A Maçonaria recebeu a herança simbólica e esotérica da astrologia, vem difundindo seus ensinamentos, tem representados os quatro elementos, os signos do zodíaco, a abóbada celeste, além de comemorar as festas solsticiais.

Na antiguidade, cultuada que foi pelos sumérios, caldeus, assírios, egípcios, gregos, romanos e hindus, a astrologia adquiriu tamanha importância a ponto de ter sido considerada a chave de todas as ciências humanas e naturais.

Na realidade, até hoje, a astrologia continua exercendo suas influências, e ainda que haja uma certa descrença, esteja cercada de superstições, ou que provoque muitas discussões e poucas conclusões, os jornais e revistas ainda mantêm a sua seção de horóscopo funcionando a pleno vapor.

Vejamos a seguir algumas das opiniões engendradas por cientistas proeminentes, mas antes quero deixar bem claro que o propósito do presente artigo não é estabelecer comparações entre astronomia e astrologia, mas dar subsídios, elementos, para que os leitores possam tirar as suas conclusões.

Carl Sagan, naquela que se tornou sua obra mais conhecida,

"COSMOS", no capítulo intitulado "A Harmonia dos Mundos", assim se manifestou:

> *Certas estrelas surgem um pouco antes, ou um pouco depois do Sol – e em épocas e posições que variam de acordo com as estações. Se fizermos observações cuidadosas das estrelas e registrá-las por muitos anos, poderemos predizer as estações. Também poderemos medir a duração do ano anotando onde o Sol surge no horizonte a cada dia. Há, nos céus, um grande calendário, disponível a qualquer um dedicado e habilidoso, e que guarda os registros. [...] À medida que as gerações passavam, os povos aprendiam com seus ancestrais. Quanto maior a precisão que soubessem sobre a posição e movimentos do Sol, Lua e estrelas, maior a certeza obtida para predizer quando caçar, semear e ceifar, quando reunir as tribos. À proporção que a precisão das medidas melhorava, os registros começavam a ser guardados, de modo que a astronomia encorajou a observação, a matemática e o desenvolvimento da escrita. [...] A astrologia sustenta que a constelação na qual os planetas estejam no momento do seu nascimento influenciará o seu futuro. Há alguns milhares de anos, a ideia ampliou-se a ponto de afirmar-se que os movimentos dos planetas determinavam o destino dos reis, dinastias e impérios. Os astrólogos estudavam os movimentos dos planetas e se perguntavam o que teria acontecido na última vez que, por exemplo, Vênus penetrou na Constelação de Capricórnio, talvez alguma coisa semelhante acontecesse também desta vez. Era uma profissão que envolvia perspicácia e risco. Os astrólogos passaram a ser contratados pelo Estado. Em muitas cidades passou a ser uma grande ofensa alguém, a não ser o astrólogo oficial, ler os presságios nos céus; uma boa maneira para derrubar um regime era predizer*

a sua queda. Os astrólogos da corte chinesa, que faziam previsões incorretas, eram executados. Outros simplesmente falsificavam os registros, de modo que ficavam em perfeita conformidade com os eventos. A astrologia desenvolveu-se no meio de uma estranha combinação de observações, matemática e uma cuidadosa manutenção de registros mesclados de pensamentos confusos e de fraudes piedosas.

Marcelo Gleiser, físico brasileiro de renome internacional, em sua coluna no jornal Folha de São Paulo, manifestando-se algum tempo atrás sobre o projeto visando regulamentar a profissão de astrólogo, em alguns trechos assim se referiu:

> *Santo Agostinho, no século 4, condenou firmemente a astrologia, pois ela interferia no livre-arbítrio e na onipotência divina: se tudo já está escrito nas estrelas, nós não podemos optar pelo bem ou pelo mal, pois a fé em Deus se torna irrelevante. A resposta oferecida pelos astrólogos de então, muito usada ainda hoje, foi que "as estrelas não determinam, apenas sugerem." [...] Quando Galileu, Kepler e Newton desenvolveram as bases da ciência moderna, descrevendo os movimentos celestes como sendo consequência da força da gravidade, a astrologia começou a se divorciar da astronomia: em um Universo regido por forças causais entre os objetos materiais, não havia espaço para relações sobrenaturais entre corpos celestes e pessoas que violassem o conceito mais fundamental da física, a causalidade. Ou seja, é impossível, segundo tudo o que conhecemos hoje sobre o Universo e as suas propriedades físicas, obter informações sobre eventos futuros na vida de uma pessoa lendo os céus. Mais ainda, não existe nenhuma evidência quantitativa de que planetas e estrelas possam influenciar o comportamento de pessoas aqui na Terra.*

Do físico Leonard Mlodinow, em seu mais recente livro, "O Andar do Bêbado", extraio o que vem a seguir:

> *Cícero acreditava que um acontecimento poderia ser antecipado e previsto mesmo que sua ocorrência dependesse do mero acaso. Ele chegou a utilizar um argumento estatístico para ridicularizar a crença na astrologia. Irritado com o fato de que, apesar de, legal em Roma, a astrologia ainda continuasse viva e popular, o político observou que em Canas, em 216 a. C., Aníbal, liderando cerca de 50 mil soldados cartagineses e aliados, trucidou um exército romano muito maior, abatendo mais de 60 mil de seus 80 mil soldados. "Todos os romanos que caíram em Canas teriam, por acaso, o mesmo horóscopo?", perguntou Cícero. Ainda assim, todos tiveram o mesmo fim.*

Do filósofo Theodor Adorno, colho o seguinte com relação à astrologia:

> *A astrologia, à maneira de outras crenças irracionais, como o racismo, oferece um atalho, reduzindo o que é complexo a uma fórmula prática e oferecendo, simultaneamente, uma agradável gratificação: o indivíduo que se sente excluído dos privilégios educacionais pode, ainda assim, pertencer a uma minoria que está "por dentro".*

Após termos ouvido a opinião de cientistas e filósofos, busquemos o que já disseram alguns dos nossos Irmãos que se dedicaram a pesquisar e estudar o assunto.

Ambrósio Peters, no vol. 2 do Inbrapem, em trabalho intitulado "O Zodíaco", apresenta-nos suas preciosas considerações:

> *No sempre presente afã humano de mistificar tudo o que não conhece ou não consegue explicar, já desde remota antiguidade começaram os homens a cercar de mistério as*

constelações do zodíaco, atribuindo-lhes poderes místicos e premonitórios. Com o passar do tempo, os pastores e agricultores passaram a atribuir a culpa de seus fracassos agropastoris, morte de rebanhos, frustração de safras agrícolas, surto de doenças malignas entre os homens, aos signos do zodíaco. Ainda até datas muito recentes costuma-se temer o aparecimento de cometas, pois seriam mensageiros de notícias de guerras, pestes e outras grandes desgraças para a humanidade. [...] Os grupos de estrelas a que correspondem no nosso zodíaco são, na realidade, formados por astros distantes milhões de anos luz entre si, e apenas vemos esses sóis como um conjunto, por causa de sua situação relativa. Se pudéssemos olhá-los de outra posição no espaço, as imaginárias figuras que formam desapareceriam. Não formam assim nenhuma possível fonte imaginária de alguma energia especial que possa, de alguma forma, agir sobre nós, pois estão tão distantes que a sua força gravitacional ou eletromagnética, ou qualquer outra força que possam irradiar possa vir a causar alguma sobre nós terrestres. Dizer que o homem tem um certo caráter somente porque na data do seu nascimento o sol estava supostamente em um determinado signo, nos parece um disparate inominável.

Antonio José Santos Loureiro, no vol. 18 do Caderno de Pesquisas, em seu Trabalho intitulado "A Astronomia nos Templos Simbólicos do R∴ E∴ A∴ A∴", em determinado momento assim se pronuncia:

A Astronomia, como ciência, avançou amparada pela observação dos fenômenos celestes, auxiliada por métodos matemáticos, descobrindo novos fatos, inclusive a precessão dos equinócios. A astrologia manteve-se no campo da especulação, ignorando os avanços da ciência, mantendo os signos estáticos, pois hoje sabemos que as datas entre 21 de março e 20 de abril, por exemplo, já foram dos signos de Touro, Áries e nos tempos atuais correspondem a Peixes. A Primavera ocorria no signo de Áries, mas não eram as estrelas deste signo que produziam, e sim a posição da Terra, em relação ao Sol. Desta interpretação errônea nasceu a ideia de que os astros influenciariam o tempo e as pessoas, de acordo com o dia do seu nascimento. [...] Na sua crença monoteísta pelo Grande Arquiteto do Universo, a Maçonaria jamais aceitaria a influência dos astros sobre as pessoas, resquícios de uma época politeísta, em que cada deus era adorado, como um astro do céu.

É evidente que poderíamos contar com centenas de excertos de livros e artigos nesta área, além de depoimentos diversos, a favor ou contra a astrologia, no entanto, não é tarefa das mais fáceis abordar um assunto que suscita por si só muita discussão e depende de comprovação de veracidade. Em tempos mais recentes pudemos acompanhar toda uma polêmica com referência ao rebaixamento de Plutão a um planeta anão, causando algo como uma lacuna no Zodíaco. Também nos dias atuais foi noticiado com bastante alarde o fato de que os signos tradicionais já não correspondem ao alinhamento das constelações com o Sol, em outras palavras, o céu mudou. A posição do eixo da Terra sofreu mudanças devido à força gravitacional do Sol e da Lua. Isto tem o nome de precessão, e a precessão provoca o deslocamento das estrelas em relação ao trajeto aparente que o Sol perfaz no céu visível a olho nu. A questão é que, se as datas de alinhamento de cada signo sofreram alterações, uma outra constelação deverá então ocupar seu espaço no Zodíaco, a de Serpentário, e pela própria regra da astrologia entrar no horóscopo. Bem, a ocorrer esta mudança, não será nada pacífica, se é que vai acontecer.

Muitos outros estudiosos Maçons têm emitido suas conceituações sobre a astrologia, Aslan, Castellani, e Da Camino, no que tange ao seu simbolismo e influências na Maçonaria, tanto que suas obras devem ser consultadas. A verdade é que tudo ainda é uma questão aberta, mas quanto mais lemos, quanto mais buscamos, ou nos informamos, mais estamos aptos a entender e divulgar sobre o universo da cultura maçônica, e algumas questões controvertidas.

BIBLIOGRAFIA

CADERNO MAIS – Folha de São Paulo, 28.7.2002.

CADERNOS DE PESQUISAS 4. Londrina: "A TROLHA", 1992.

CADERNOS DE PESQUISAS 18. Londrina: "A TROLHA", 2001.

INBRAPEM. V. 2. Londrina: "A TROLHA", 2001.

REVISTA VEJA, 26.1.11.

REVISTAS "A TROLHA", números 215, 238, e 242. Londrina: "A TROLHA".

SAGAN, Carl. *Cosmos*. Francisco Alves, 1982.

Considerações sobre Maçonaria e Religião

A Maçonaria através da sua simbologia e ensinamentos incentiva os seus membros à prática dos bons costumes, ao exercício da tolerância, à fraternidade, e à busca da sabedoria para aperfeiçoarem-se como homens, e assim, transformados e transformadores cumprirem o sublime objetivo da construção de uma humanidade melhor. A Maçonaria é também uma instituição filosófica, que traz como motriz da sua filosofia a proposta explícita de promover a evolução individual do homem para o atingimento dos mais profundos níveis de experiência existencial, colocando-o assim no topo da cadeia evolutiva, e isso pressupõe também o desenvolvimento de sua espiritualidade.

Dentre os tantos temas que são investigados e aprofundados, evidentemente alguns chegam a ser recorrentes e até mesmo apaixonantes como os concernentes à religiosidade e à espiritualidade, pois fatalmente suscitam de volta a velha questão sobre a Maçonaria ser ou não, uma religião, motivo de tantas discussões. Por que isso precisa ser repetido seguidamente? Por que essa ideia é tão forte?

Além do mais, raros são os autores que ainda não se debruçaram sobre o assunto e cabe indagarmos se porventura alguns deles, no intuito de acharem as respostas necessárias, não acabaram confundindo um pouco também.

Vejamos a seguir alguns desses conceitos e pensamentos emitidos por autores em suas obras, para depois tirarmos nossas próprias conclusões.

No seu livro "Religiosidade e Maçonaria", o Pe. Aloísio Guerra, no capítulo intitulado Maçonaria e Religião, diz:

> *Por não ser religião, a Maçonaria aceita e acata todas as teologias e credos religiosos. Ela não mistura as religiões para formar uma só, como afirma certo cardeal (ignorância ou má-fé). A Maçonaria pratica, isto sim, o verdadeiro ecumenismo, realmente digno "de ser imitado pelas religiões (todas) que fingem praticá-lo".*

E mais adiante:

> *Lamentavelmente, as religiões, em lugar de unir as pessoas, as separam pelo credo religioso. No entanto, a Maçonaria sequer admite se questione a crença de qualquer um de seus membros. Especialmente nesse particular (Mt 22, 39) a Maçonaria é mais religiosa que as Religiões ...*

É um ponto de vista. Vejamos outros mais:

O Irm.·. José Aristides Fermino, em artigo de sua autoria publicado na Revista Acácia intitulado "O Maçom e a Religião", assim se refere ao assunto:

> *... leva muitos deles a achar que a Maçonaria substitui a religião. Não é muito fácil entender até que ponto desenvolve-se o Esoterismo, a Mística, e a Espiritualidade na Maçonaria. Numa Sessão Maçônica podem ocorrer todas as hipóteses, e fazendo isso, de forma inconsciente, o Maçom preenche o vazio religioso que lhe tomou conta.*

Ao finalizar o artigo, diz o autor:

> *Diante de tantas evidências práticas, não há como negar,*

que um TEMPLO MAÇÔNICO tem finalidade de prestar-se à celebração de um CULTO, sem contudo dar-lhe um nome específico, desta ou daquela religião.

Um outro pensador, Fernando César Gregório, diz em seu livro "Chaves da Espiritualidade Maçônica", na pág. 178:

A verdadeira tradição maçônica é um culto para conservar e difundir a crença na existência do Ordenador do Universo, para ajudar os Maçons a regular a sua vida e a sua conduta nos princípios de sua religião, qualquer que seja este caminho do Bem.

Fica claro então, no pensamento de José Aristides Firmino, tanto quanto no de Fernando César Gregório, a confluência das ideias, pois ambos a definem como um culto.

E o que um dicionário nos reserva sobre o vocábulo CULTO?

Culto = Homenagem religiosa que se tributa a Deus ou aos entes sobrenaturais; liturgia, ofício divino. Façamos agora um parêntese, e recapitulemos lá do Ritual e Instruções do R.·. E.·. A.·. A.·. no seu capítulo referente à Cerimônia de Iniciação, onde o Ven.·. M.·. diz assim:

Embora a Maçonaria não seja uma religião e proclame liberdade absoluta de consciência, tem uma crença e os Maçons não se empenham em empresas importantes, sem primeiro invocarem o Grande Arquiteto do Universo.

Ainda:

Profano, tomai parte na oração que em vosso favor vamos dirigir ao Senhor dos Mundos e autor de todas as coisas.

Também no mesmo Ritual e Instruções, na Quinta Instrução, o Ven.·. M.·. pergunta:

– Quais são os deveres do Maçom?

Ao que o 2º Vig∴ responde:

– Honrar e venerar o Grande Arquiteto do Universo a quem deve agradecer sempre, as boas ações que pratica para com o próximo e os bens que lhe couberem em partilha...

Parece estar implícito que a Maçonaria coloca o Grande Arquiteto do Universo como ideal regulador, e condição básica que o Maçom deve satisfazer para ser aceito como membro da Ordem, ou seja, crer em um ser supremo. Podemos inferir então, por extensão, sim, que a Maçonaria é religiosa.

Do caleidoscópio apresentado, ou dessa colcha de retalhos, já podemos extrair nossas conclusões, eis que, até aqui, sabemos estar a Maçonaria imbuída de religiosidade e espiritualidade, no entanto, a fim de obter uma melhor compreensão, colhamos do pensamento esclarecedor de um dos nossos maiores filósofos maçônicos, Octacílio Schüler Sobrinho, em sua obra de grande profundidade intitulada "MAÇONARIA Introdução aos Fundamentos Filosóficos":

Pág. 38:

> *O caráter de abertura da Maçonaria quanto à aceitação das diversas religiões está confirmada, em diversos Ritos, pela presença e abertura do livro da Lei Sagrada, a Bíblia, durante os trabalhos em Loja. Esta ritualização mostra a estreita conexão entre a Maçonaria e a Religião, porém não no sentido de uma subordinação dos Maçons à religião. É certamente irônico tratar de encontrar um compromisso maior nesta relação.*

E na pág. 54:

> *A insistência com que a Maçonaria traz à história,*

marcada pelas diferentes fases do pensamento humano, avocando, inclusive, o velho e o novo testamento, como símbolos e alegorias, não significa que pretenda oferecer ao homem um ensino religioso específico, o qual poderá buscar, se assim o desejar, em todas e diferentes religiões, demonstração precisa que sua antropologia não é uma antropologia **tout court** *e não pode ser imposta ao Maçom, mas sim fora dele, ou seja, ao homem enquanto não Maçom, permitindo, simultaneamente, ao Maçom, manter-se Obreiro e membro de uma religião, ao mesmo tempo e lugar, sem que esta dualidade seja vinculante. A Maçonaria deve orientar seus membros para que considerem o ideal do Ser Supremo num sentido puramente regulador, mesmo que estejam convencidos de que o homem necessita ser salvo, cuja teoria e prática, ritualização e liturgia, irão encontrar na Igreja, mas não na Maçonaria, pois esta, repetimos, não pratica qualquer tipo sacramental, destinada à salvação e à remissão do homem pecador. A Maçonaria não obriga seus membros a assumir qualquer postulado, pelo contrário, deixa-os livremente compartir a mensagem de salvação de qualquer religião, com uma única condição: de que o Maçom saiba distinguir entre os princípios maçônicos e aqueles que, mesmo sendo muito próximos e não lhe sendo estranhos, não façam parte de sua ritualística, sociologia, antropologia, enfim, de seu conhecimento.*

Ao encetarmos pesquisas desse quilate, ao bebermos da cultura de várias fontes, do conjunto de opiniões acima, das diferentes interpretações, podemos chegar agora às conclusões almejadas. Em primeiro lugar, devemos ter em mente que um dos pilares da Maçonaria é, sim, cultivar o espírito religioso, promover a religação do homem com Deus, não aquele Deus vingativo e cruel que certas religiões apresentam, mas um Princípio Criador, o Grande Arquiteto do Universo. A Maçonaria pela grande síntese das inúmeras culturas e correntes de pensamento que engloba, propicia-nos a gnose suficiente para aceitarmos e respeitarmos todas as religiões, algo muito além dos maniqueísmos ou diatribes que permeiam as discussões de cunho religioso. A Maçonaria nos faz verdadeiros Irmãos, o que se coaduna perfeitamente com o ideal supremo a ser alcançado por todas as religiões verdadeiras. E como já havia sido destacado antes, a Maçonaria não se configura exatamente como uma religião no sentido exato da palavra, mas possui aspectos que a tornam religiosa.

BIBLIOGRAFIA

COSTA, Frederico Guilherme. *Maçons e Maçonaria – Uma Análise*. Londrina: "A TROLHA".

GREGÓRIO, Fernando César. *Chaves da Espiritualidade Maçônica*. Londrina: "A TROLHA".

GUERRA, Pe. Aloísio. *Religiosidade e Maçonaria*. Londrina: "A TROLHA".

MIRANDA, Pedro Campos de. *A Arte Real*. Londrina: "A TROLHA".

PEQUENO Dicionário Enciclopédico Koogan Larousse.

REVISTA Acácia, n. 83.

RITUAL e Instruções – Grau de Aprendiz-Maçom do R.·. E.·. A.·. A.·. – GORGS – 2001/2004.

SOBRINHO, Octacílio Schüler. *MAÇONARIA Introdução aos Fundamentos Filosóficos*. Letras Contemporâneas.

Construindo a Catedral de Londres

O episódio que irei narrar, logo após a biografia resumida do eminente personagem envolvido, é uma poderosa ilustração que serve a todos nós Maçons, para responder àquela clássica pergunta, que a bem da verdade todos se fazem em algum momento da sua caminhada maçônica: "O QUE EU VIM FAZER AQUI?"

O personagem principal chama-se Sir Christopher Wren. Nicola Aslan, em seu livro "A Maçonaria Operativa", faz uma descrição dele, onde diz assim:

> *Nasceu a 25 de janeiro de 1632 em Knoyle, no Wiltshire. Menino precoce, aos 13 anos construiu uma máquina que reconstituía o curso dos astros e, aos 16, assinalava-se por descobertas astronômicas. Em 1657, com 25 anos, Wren foi professor de astronomia e, em 1661, de matemática em Oxford. No mesmo ano, Carlos II o nomeou assistente Inspetor Geral dos Edifícios reais, sendo comissionado, em 1663, para inspecionar a Catedral de São Paulo. Por ocasião do incêndio de 1666, Wren apresentou um plano de reconstrução que não foi adotado, mas foi encarregado da construção da Nova Catedral de São Paulo. Entre outros edifícios públicos, Wren construiu a Igreja de*

Santo Estevão, a Alfândega de Londres, o Palácio Real, o Palácio Episcopal, a coluna comemorativa do incêndio de Londres etc. Foi considerado como um dos maiores arquitetos do seu século. Wren baseou os seus trabalhos sobre a arte gótica, à qual acrescentou da sua própria genialidade a clássica leveza e elegância, transformando-a no estilo que pode ser mais bem descrito como o de Wren.

Houve quem duvidasse de que Sir Christopher Wren era Maçom. Para o nosso conhecimento, é interessante sabermos que autoridades modernas estão dispostas a aceitar sua qualidade de membro em nossa Ordem. No livro de John Aubrey, "The Natural History of Wiltshire", consta no verso da folha 72, uma nota escrita da própria letra do autor:

1691 – Mdm (Memorandum), neste dia (18 de maio, segunda-feira depois do Domingo das Rogações) há uma grande convenção na Igreja de São Paulo, da Fraternidade dos "Accepted Masons", onde Sir Christopher Wren será adotado como Irmão (...).

Bernard E. Jones, manifestando-se sobre a aparição do termo "accepted" na nota e que teria sido escrito por cima da palavra "Free", que foi riscada, acrescenta:

Esta referência que sempre foi aceita como um dos mais interessantes fragmentos da história maçônica, não consta como se deve notar, no próprio livro, mas é um endosso atrás de uma das folhas originais.

Por outro lado, para atestar a sua condição de Maçom, surgiu uma outra base histórica, revelada pelo "The Freemason's Pocket Reference Book" que revelou o seguinte:

Uma velha ata da Loja datada de "Queen's Arm 3 de junho 1723" (um mês ou dois depois da morte de Wren), diz o seguinte:

> *Os três candelabros de mogno presenteados a esta Loja pelo seu notável Mestre Sir Christopher Wren, devem ser cuidadosamente depositados em uma caixa de madeira e forrados com panos, devendo ser conseguido imediatamente este propósito* (Vide Documentos da Loja "Antiguidade", Vol. I, editados por W. H. Rylands, 1911).

Pelo fato de ser o autor de mais de cinquenta edificações na Inglaterra, sir Christopher Wren poderia ter recebido o título de "Arquiteto do Grande Arquiteto".

Quanto ao episódio envolvendo Sir Christopher Wren, ocorreu da seguinte maneira:

> *Dizem que Christopher Wren, arquiteto encarregado da construção da Catedral de Londres, decidiu passear incógnito pelo canteiro de obras para ver como os pedreiros trabalhavam. Wren ficou pensativo enquanto observava três operários. Um trabalhava muito mal; outro de forma correta; o terceiro, por sua vez, realizava seu trabalho com muito mais força e dedicação que os demais. Sem se conter, o arquiteto aproximou-se do primeiro e perguntou: – Boa tarde! O que o Senhor faz? – Eu? – disse o pedreiro. – Trabalho de sol a sol, num serviço muito cansativo. Não vejo a hora de terminar. Depois foi até o segundo operário e fez a segunda pergunta: – Boa tarde! O que o Senhor faz? – Estou aqui para ganhar dinheiro a fim de sustentar minha mulher e meus quatro filhos. Finalmente, Wren se dirigiu ao terceiro trabalhador: – Boa tarde! O que o Senhor faz? O pedreiro levantou a cabeça e, com um olhar cheio de orgulho respondeu: – Estou construindo a Catedral de Londres, cavalheiro!*

Cada um dos Maçons integrantes do Quadro de Obreiros de uma Loja, tem uma personalidade distinta, e isto serve para estabelecermos aqui uma comparação entre a Loja e o canteiro de obras descrito acima: Será que estamos todos unidos em torno dos mesmos objetivos? Como será que a Maçonaria, no íntimo de cada um de nós, construtores sociais, é entendida, é vista e é sentida? Será que todo o Maçom possui a consciência exata do tamanho da obra, e da construção em que está participando? Sem a noção do dever, sem saber a que veio, sem a assimilação do que seja o ideal maçônico, não haverá o cimento básico para a construção das "catedrais".

REFERÊNCIAS BIBLIOGRÁFICAS

ASLAN, Nicola. *A Maçonaria Operativa*. Londrina: "A TROLHA", 2008.

Internet

PERCY, Allan. *Nietzsche para Estressados*. Sextante, 2009.

ROCHA, Luiz Gonzaga da. *Ideais Maçônicos*. In: **INBRAPEM** Vol. 4. Londrina: "A TROLHA", 2007.

WREN, Sir Christopher. Disponível em: <www.obreirosdeiraja.com.br/o-ganso-e-a-grelha/>.

Maçonaria Evolucionista ou Evolutiva? Evolutiva Sim, Sem Ser Evolucionista e Sem Ser Criacionista

Para podermos engrenar esta temática que admite variações e muitas interpretações, até de cunho pessoal, em primeira instância definamos quem é quem, com o auxílio de um dicionário:

EVOLUCIONISTA – Partidário do Evolucionismo. Relativo ao Evolucionismo, que por sua vez é um conjunto de teorias que explicam a evolução das espécies ao longo do tempo pelas variações ou mutações aleatórias seguidas de seleção natural.

EVOLUTIVA – Suscetível de evolução ou que produz evolução. Que se transforma, modifica ou aperfeiçoa.

CRIACIONISMO: Antiga teoria biológica segundo a qual os animais e as plantas foram criadas de forma súbita e isolada, considerando que as espécies não evoluíram desde a sua criação. {De inspiração religiosa, essa doutrina, que nega a evolução da vida sobre a Terra, foi descartada pela comunidade científica.}

Pelas definições apresentadas, daria então para deduzir que a Maçonaria é evolutiva, não é evolucionista, e possui algo de criacionista? Não tão simples assim. De qualquer forma, vamos começar pelo que julgo mais simples. A Maçonaria possui um conteúdo evolucionário, até pelo fato de que sendo composta de livres-pensadores, seria incompatível que estagnasse, ou adotasse posturas conservadoras e reacionárias quando em se tratando da sua própria evolução. O significado preciso para o adjetivo "EVOLUTIVA", em relação à Maçonaria, não resta dúvida, é mesmo evoluir, já que estas palavras se referem àquela procura constante da perfeição. Não possui conotação biológica, mas de natureza espiritual, moral e filosófica. Basicamente, também é possível dentro do contexto maçônico, dar-lhe o sentido de uma busca pela sabedoria.

O adjetivo mais polêmico, o que mais suscita dúvidas, o que tem provocado inúmeras interpretações errôneas é "EVOLUCIONISTA". Mas, afinal de contas, será que ele foi colocado pelo GOB na sua Carta Magna de 1990, após definir a Maçonaria como iniciática, filosófica, filantrópica e progressista, com plena ciência do seu sentido real, ou foi literalmente mal empregado? Vejamos as considerações de Joaquim da Silva Pires em sua série de artigos divididos em capítulos e publicados na Revista "A TROLHA", intitulado "O Primeiro Degrau do Rito Escocês". No capítulo de nº XXX, ele diz o seguinte:

> *Relativamente ao vocábulo* ***evolucionista****, que não consta do Ritual, foi ele introduzido pela Carta Magna do* ***Grande Oriente do Brasil****, promulgada em 24 de março de 1990, "em Assembleia Federal Constituinte, sob a invocação do Grande Arquiteto do Universo" (é indispensável salientar que entre os constituintes estavam, também, membros do Rito Moderno), quando era presidente da Mesa Diretora o Irm∴ Jorge Nassif Salomão. O sublinhado vocábulo, que não é sinônimo de progressista (e se fosse constituiria uma redundância, pois este último já se encontra no texto) é designativo dos partidários do evolucionismo, teoria biológica, antropológica e filosófica.Não é que este articulista seja contrário à focalizada teoria, de inegável*

importância, indispensável parcela do patrimônio cultural e pórtico de expressivos progressos. Porém, não conseguiu encontrar uma prova de que o Grande Oriente do Brasil a ele tenha aderido, e não se diga que essa inexistente adesão estaria implícita (em verdade, tudo que pode ser considerado implícito é sempre discutível) no tradicional dístico do próprio Grande Oriente do Brasil, encimando o rochedo indestrutível: "NOVAE SED ANTIQUAE". Por outro lado, o adjetivo progressista, sim, amolda-se ao transcrito dístico. O vocábulo evolucionista não cabe na Maçonaria do Brasil (salvo eventuais e imprevisíveis modificações posteriores). Entretanto, considerando que este articulista acentuou, em linhas retas, a importância do evolucionismo, estaria (pergunta-se) cometendo um paradoxo ao asseverar que é inadequada sua inserção na Carta Magna do Grande Oriente do Brasil? Não há qualquer paradoxo! A inadequação do termo, no caso específico da Lei Maior da citada Potência, reside no fato de que o vocábulo evolucionismo é suscetível de escorar (com ou sem a evasiva de sofismas ou até mesmo com o afloramento de paralogismos), opiniões dos materialistas mais extremados, tanto quanto dos espiritualistas menos radicais (por incrível que pareça à primeira vista), mesmo levando em conta que não pode, igualmente, ser descartada a existência de frinchas por onde se faça interpretação outra, segundo a qual o conceito de evolucionismo estaria em conflito com a proclamação da prevalência do espírito sobre a matéria. Não pertencendo a qualquer religião, este articulista fica bem à vontade para fazer tal comentário.

Num outro artigo, esse publicado na Revista "O Prumo", com o título de "O Sentido "Evolucionista" da Maçonaria", da autoria de Fadel David Antonio Filho, a mesma questão, ou seja, a definição de Maçonaria expressa na Constituição do Grande Oriente do Brasil, dá pano para mais manga, onde o autor acima faz as seguintes colocações:

> *Num primeiro momento, o significado desta palavra pode suscitar inúmeras controvérsias e apaixonados debates. Se por um lado podemos invocar o "evolucionismo darwiniano" como premissa desta expressão, certamente haverá quem justifique toda a polêmica que se tem levantado, porquanto que se trata de uma recente introdução na Constituição Maçônica, a ideia na qual a Ordem Maçônica é "evolucionista". Realmente, em se tratando do Evolucionismo de Darwin, implica em aceitar a tese da adaptação dos seres vivos ao meio em que vivem, mas igualmente implica em aceitar a "Struggle for Life", ou seja, a luta pela vida, significando neste caso, na sobrevivência dos mais aptos, dos mais fortes em detrimento dos mais fracos. Convém lembrar ainda que essa ideia de supremacia do mais apto tornou-se a base para as hediondas teorias de cunho racista, através do "darwinismo social", onde as ideias do evolucionismo biológico foram transplantadas para o plano social humano. (...) A Maçonaria repudia qualquer forma de discriminação, seja ela racial ou social. Disto depreendemos que a expressão "evolucionista", no sentido maçônico, não tem nenhuma relação com o evolucionismo darwiniano ou o darwinismo social.*

Com essas duas abalizadas opiniões dos nossos estudiosos, creio que fica desfeita qualquer acepção que não se coadune com a forma dos Maçons brasileiros pensarem, e o próprio Irmão Joaquim da Silva Pires, no capítulo XXXI da citada série, reconheceu que:

> *Ora, conforme está na inscrição latina de seu brasão*

emblemático ("novae sed antiquae"), o Grande Oriente do Brasil dá à Maçonaria o qualificativo de evolucional, mas não o de evolucionista, porque a já referida cabeça do artigo 1º de sua Carta Magna proclama a prevalência do espírito sobre a matéria e o inciso I do artigo 2º da mencionada Lei Maior afirma a existência de um princípio criador: o Grande Arquiteto do Universo, aliás sob cuja invocação reuniram-se os citados signatários de 24 de junho de 1990.

Vejamos um outro aspecto agora, mas antes gostaria de usar de uma passagem de um Trabalho do Irmão Raimundo Rodrigues publicado na Revista "A TROLHA" com o título de "Sobre os Primórdios da Maçonaria", onde ele faz referência a um outro autor:

> *Jean Palou reconhece que as origens da Maçonaria estão muito longe de serem claras e não poderia ser de outra forma, e acrescenta: "Anderson faz remontar a Franco-Maçonaria a Adão, sem dúvida por não poder ir mais longe e por lhe faltar a ousadia de atribuí-la ao próprio Jeová".*

Já o próprio Irmão Raimundo Rodrigues, da sua própria lavra, diz o seguinte:

> *Nenhum pesquisador honesto embarca na canoa furada daqueles que teimam em afirmar que a Sublime Instituição existe há milhares de anos. Só os inocentes "podem acreditar na absurda afirmação de Anderson, no seu primeiro livro das "Constituições", de que Adão – nosso primeiro pai, criado à imagem e semelhança de Deus – devia ter possuído as ciências liberais, principalmente a geometria, escritas em seu coração. Baseado nisto, ainda hoje, há quem ensine que a Maçonaria tem seu início no Paraíso terrestre". Isto até poderia soar como uma*

espécie de teoria criacionista dentro da Maçonaria. Num texto intitulado "Por que Surgiu a Primeira Grande Loja de Londres", assinado pela Ação Maçônica Internacional – AMI, é possível deparar-se com o seguinte trecho: "Os intelectuais e cientistas da Royal Society, dentre eles vários Maçons, eram contra a influência da Igreja porque essa pregava a ideia do criacionismo para explicar o surgimento do mundo. A Igreja apoiava sua posição nas teses dos filósofos antigos, nas Sagradas Escrituras e na autoridade de fé e de santidade dos padres. Os integrantes da Royal Society adotaram o lema: Nullius in Verba, *para mostrarem que acreditavam na verdade dos fatos, obtida através da experiência científica e não ditada pela palavra de alguma autoridade. Combatiam também a Escolástica, que era uma linha dentro da filosofia medieval com elementos notadamente cristãos. A Escolástica surgiu da necessidade de responder às exigências da fé, ensinadas pela Igreja, acrescentando ao universo do pensamento grego os temas: Providência e Revelação Divina e Criação a partir do nada".*

É bom que se saiba que no mundo em que vivemos atualmente, teorias sem respaldo científico e de origem puramente religiosa como o criacionismo vêm ganhando espaço, tantas são as suas manobras, e principalmente depois de que passaram a se utilizar de uma série de disfarces. Inspirados que são por uma interpretação literal, particular e radical do livro do Gênesis, instalaram a ciência da criação, "incluindo-a como **ex nihilo** (vinda do nada), um dilúvio universal, "a existência relativamente recente da Terra" e uma rejeição do ancestral comum a humanos e macacos". Se a Maçonaria não deve pender para uma defesa acirrada do evolucionismo, o que entraria em choque com a filosofia que apregoa, também não deve capitular às manobras sutis do criacionismo, pois este possui um poder de distorção e de influência muito abrangente e a exemplo de um camaleão: muda de cores conforme a estação. Somente para ilustrar, o presente artigo, a conceituada revista "Ciência Hoje", publicou no ano de 2009 uma pesquisa realizada com alunos da Universidade Estadual de Londrina, no Paraná, constatando que a concepção criacionista vem ganhando terreno com muita velocidade em detrimento das ideias evolucionistas de Darwin. Em pleno século XXI, é possível deparar-se com esse tipo de movimento retrógrado, e ainda por cima em meio aos estudantes universitários. A grande questão que se apresenta hoje, é as autoridades entenderem que (antes que seja tarde demais) criacionismo pode e deve ser discutido sim, como visão teológica nas aulas de religião, jamais em aulas de ciências como se fosse uma teoria científica amparada pela Bíblia e radicalmente contra a evolução das espécies.

Para finalizar não irei furtar-me de colocar um excerto de um Trabalho publicado na Revista "A TROLHA", onde a determinada altura lê-se o seguinte trecho:

> *Caríssimos Irmãos, sou partidário da teoria do criacionismo, aquela que diz que Deus criou o universo, a terra e tudo que neles existe. Criou ainda todos os seres vivos, a vida propriamente dita e o ser humano ao qual atribuiu capacidade de raciocínio, da qual a humanidade se orgulha e por isso se considera ser superior mas, a ver pelas atitudes humanas pelo mundo, tenho sérias dúvidas se a esta capacidade de raciocínio devemos chamar de inteligência ou de bestialidade. Tenho dúvidas se, ao dotar o ser humano desta capacidade de raciocínio, o Pai pretendeu enaltecê-lo ou apoucá-lo. Descarto a existência de um demiurgo, pois creio que o Pai não só organizou o universo mas também e principalmente criou tudo que nele existe. A grandiosidade da criação divina me faz entender que as coisas de Deus não são para serem compreendidas pelo homem. Acredito que algumas coisas o Senhor nos*

consente compreender, umas a uns, outras a outros, não sempre as mesmas coisas para todas as pessoas. Creio que das coisas que o Pai nos consente compreender, delas devemos colocar à exaustão e nas coisas que o Pai não consente compreender, nelas devemos inexoravelmente crer. (...) Neste momento, meus Irmãos, a grande e perfeita criação do Pai, criada para existir no mais absoluto equilíbrio, em função das alterações provocadas pelo homem, teve que se reequilibrar e a cada reequilíbrio castiga o homem porque altera as condições às quais o homem vinha acostumando a viver, ocorrendo situações de compensações de maior intensidade que provocaram e provocam, por exemplo, as inundações como a da época de Noé e como as violentas mudanças de lugares e de características dos oceanos.

Como eu já inquiri antes, será que a Maçonaria deve tomar um lado nessa disputa do Evolucionismo x Criacionismo? Certamente não, pois ela foge ao seu desiderato, mas que devemos manter nossos olhos bem abertos para não desvirtuarmo-nos dos verdadeiros objetivos da nossa Ordem, acho que devemos.

REFERÊNCIAS BIBLIOGRÁFICAS

ARTIGO: "Por que Surgiu a Primeira Grande Loja de Londres?" – Ação Maçônica Internacional – AMI.

DICIONÁRIO Enciclopédico Veja Larousse. v. 7 e v. 9. Ed. Abril, 2006.

REVISTA "A TROLHA" – jan. 1998, abr. 2008, maio 2008 e out. 2008.

REVISTA "Ciência Hoje" – n. 256 – jan./fev. 2009.

REVISTA "O Prumo" – n. 92 set./out. 1993.

REVISTA "Scientific American Brasil" – n. 81 – fev. 2009.

RODRIGUES, Raimundo. "Sobre os Primórdios da Maçonaria". In: **Cadernos de Pesquisas 19**. Londrina: "A TROLHA", 2001.

Os que Vieram do Líbano: Pequena Biografia de um Homem Chamado Fued Azário Chein dos Santos

A imigração libanesa foi muito importante para a formação de muitos países da América Latina, especialmente o Brasil. Durante décadas, muitas famílias de libaneses vieram aqui aportar, e hoje, depois das muitas gerações que se sucederam, são parte da nossa história, parte do nosso povo, e brasileiros como qualquer um de nós. Os descendentes de libaneses no Brasil destacaram-se e vêm destacando-se, sobretudo, nas áreas do comércio e da medicina. Vou falar um pouquinho da história vitoriosa de um deles, que veio de lá com menos de um ano de idade, integrando uma família numerosa e que acabou instalando-se primeiramente em Bagé, aqui no Rio Grande do Sul.

(Não conheço o Líbano, mas de algumas leituras sei estabelecer uma relação direta com sua famosa culinária, com suas belas praias, com as montanhas nevadas, com os vales, os cedros, com uma história muito rica e antiga que remonta aos seus primeiros habitantes, os fenícios, e fundamentalmente com seu poeta e escritor maior de quem li ao menos "O Profeta", chamado Kahlil Gibran. Após o meu ingresso na Maçonaria, até ampliei um pouco dos meus conhecimentos, a partir do momento em que efetuando leituras pertinentes à história da Maçonaria, pude perceber uma ligação muito forte e de grande importância simbólica no contexto das lendas maçônicas, que falavam de dois homens provenientes do Líbano, personagens de primeira grandeza na formação do arcabouço da nossa Ordem: Hiram o rei de Tiro, e Hiram Abi, o artífice responsável pelo embelezamento do Templo de Salomão.)

O homem de quem vou falar a partir deste momento, numa breve biografia, nasceu também no Líbano, veio para o Brasil ainda pequeno, antes de completar seu primeiro ano de vida. Estou falando desse homem que todos nós o conhecemos como o querido Irmão Fued Azário Chein dos Santos, ou simplesmente "Seu Chein". Por um capricho do destino, quando da chegada da sua família ao Brasil, o seu último sobrenome que soaria algo aproximado a "Abmessiah", acabou se transformando em "dos Santos", por obra de um funcionário da Imigração que tendo indagado sobre o seu significado em português, e tendo percebido ali uma relação com os santos, cuidou de tirar as suas próprias conclusões para então abrasileirar o sobrenome. Logo, a família foi fixar residência em Bagé. Os anos foram passando e o "Seu Chein", já um rapaz, conseguiu um emprego, e foi trabalhar no balcão de uma casa tradicional de Bagé, cujo dono era um patrício seu, o Sr. Salim Khalil. Ali mais um tempo transcorreu, até que o seu pai resolveu atender aos insistentes convites que lhe eram feitos por alguns patrícios residentes na fronteira de Sant'Ana do Livramento (Brasil) com Rivera (Uruguai), e mudou-se com a família para a fronteira. No novo lugar foram bem acolhidos, retomaram as suas vidas aos poucos, até que se integraram em definitivo. Essa vinda aconteceu na verdade lá pelo ano de 1930, exatamente no dia do aniversário do "Seu Chein", no dia 10 de fevereiro. Já em 1950, "Seu Chein", em sociedade com o seu irmão de sangue Inácio Chein, funda a "Casa Chein", um marco na história das lojas comerciais da fronteira e que ainda hoje, mesmo funcionando num outro endereço (era na rua principal da cidade) e num local bem menor do que aquele primeiro (onde as portas estiveram abertas ao público por décadas), ainda é visitada pelos clientes e amigos do infatigável "Seu Chein". Consultado sobre o famoso *slogan*, o qual não havia quem não conhecesse (e até hoje é motivo de lembrança), "Seu Chein" conta como foi que o mesmo se originou:

> *Naquela época nós precisávamos de um "slogan" para chamar a atenção da clientela, a exemplo das outras lojas de comércio que possuíam os seus. Soubemos que havia em Buenos Aires uma casa que fazia sua propaganda para conquistar clientes utilizando-se do seguinte "slogan": "Casa Muñoz: donde un peso, vale dos", de onde para desenvolver o nosso "Casa Chein: onde um cruzeiro vale cem", foi um passo.*

"Seu Chein" é membro do Lions Clube há mais de 40 anos, e com muito orgulho revela ser o seu mais antigo membro em atividade. "Seu Chein" entrou para a Maçonaria em 1963. É um longo tempo de aprendizados, de ensinamentos, e que hoje, aos 98 anos, ele reparte com todos ao contar das suas experiências de vida. Sempre presente aos trabalhos em Loja, é sabidamente motivo do maior orgulho de todos os seus Irmãos que têm a felicidade de conviver com ele. Aliás, depois de já ter passado por inúmeros cargos, ter sido Venerável Mestre, e ser Grau 33, ele conserva uma humildade digna de um Mestre de verdade, e quando perguntado sobre o seu Grau, ele dá uma disfarçada e responde: "Eles é que dizem que eu sou Grau 33".

Outro dia, em meio a uma das duas visitas (é o mínimo) que eu lhe faço durante o transcorrer de cada semana, e depois de externar-lhe a minha opinião sobre o assunto do qual falávamos (era sobre Maçonaria, confesso), ele lá pelas tantas se saiu com esta: "Todo dia eu tenho a felicidade de aprender uma coisa nova", ao que eu posso dizer: nós todos, “Seu Chein”, é que temos de agradecer ao G∴ A∴ D∴ U∴ a oportunidade única e feliz de estarmos convivendo com um ser humano tão especial, de bem com a vida sempre, e contigo aprendermos diariamente, neste mundo de vaidades, o que é o exercício puro e simples da verdadeira humildade. Obrigado, “Seu Chein”!

Questões Controvertidas sobre as Origens da Maçonaria: a Origem Egípcia seria uma Invenção dos Cultores do Esoterismo, ou um Produto da Egiptomania?

INTRODUÇÃO

Não é novidade para os mais afetos à leitura e ao estudo, seja de material de pesquisa, ou da pura e simples literatura de conteúdo maçônico, a existência de um emaranhado de versões sobre as origens da Maçonaria. Se recuarmos algumas décadas atrás, eram sensíveis as dificuldades encontradas quando buscávamos acesso aos resultados das pesquisas dos autores estrangeiros mais renomados, ou até mesmo para localizarmos as boas traduções (as que existiam eram para a língua espanhola, normalmente provindas da Argentina). Com o passar do tempo, esse cenário árido sofreu mudanças, já que por um lado, em nosso próprio país começaram as edições de livros sobre Maçonaria, com a publicação de estudos afetos à mesma. Por outro lado, também tiveram início as divulgações das pesquisas empreendidas pela Loja "Quatuor Coronati nº 2076", de Londres. Aqui no

Brasil, dentre os nossos bons pesquisadores e precursores cumpre destacarmos entre os mais atuantes: Nicola Aslan, José Castellani, Xico Trolha, Raimundo Rodrigues, Theobaldo Varoli Filho, além de outros nomes que à memória não me ocorrem no momento. Hoje podemos contar com ótimas traduções, com editoras especializadas no universo maçônico, e dá até para dizermos que, só não lê mesmo aquele que não quer ler. Os famosos jargões com respeito às origens da Maçonaria, tais como: "As origens da Maçonaria perdem-se na noite dos tempos", ou "As origens da Maçonaria perdem-se nas brumas da antiguidade", atualmente diante do farto material existente e à disposição, vão sendo relegados a um passado onde imperava basicamente a imaginação. Algumas vezes, até já estão consolidados, eis que mesmo numa obra de grande utilização e com um grande número de reedições como o "Dicionário de Maçonaria" de Joaquim Gervásio de Figueiredo, no verbete concernente à Maçonaria e sua origem, é dada ênfase a C. W. Leadbeater com sua introdução no velho estilo comentado acima, pois sua "Pequena História da Maçonaria", começa assim: "As origens reais da Maçonaria se perdem nas brumas da antiguidade." Também, os "achismos" do tipo "Jesus Cristo era Maçom", ou algo bizarro como possa parecer agora aquela outra bobagem de que Adão (o companheiro da Eva) teria sido o primeiro Maçom, e ainda tudo se passando lá no Éden... Na realidade, o fabrico dessa "pérola" fica por conta do próprio Rev. James Anderson, o responsável maior pela recopilação das "Old Charges", que logo após ficariam conhecidas como "CONSTITUIÇÕES DE ANDERSON", sendo que o referido está inserido na primeira parte das suas Constituições. Nos dias de hoje, felizmente podemos contar com muitos pesquisadores munidos do verdadeiro espírito científico, bom-senso, seriedade e muita responsabilidade, e que vem se encarregando de desmitificar e desmistificar alguns aspectos ainda encontráveis na Maçonaria. Esta incursão pelas supostas origens da Maçonaria tem a ver com o fato de que mesmo na atualidade, vários dos nossos Irmãos ainda acreditam ingenuamente em histórias fantasiosas, ou cultivam sérias dúvidas sobre as origens da Arte Real. Não é mais admissível, numa época onde é praticamente um consenso de parte dos pesquisadores, remontar essas origens para mais ou menos a Idade Média, e o mais longe a que se poderia recuar nesta história é onde residem comprovadamente os registros públicos de companhias de pedreiros ou maçons, ou seja, o século XIV. Precisamos aprender com as respostas honestas, acreditar no que as mais recentes pesquisas trouxeram à tona, e já é um bom começo o fato de aceitarmos que a Franco-Maçonaria não se originou e nem existiu no tempo do Rei Salomão. A Maçonaria utiliza-se de muitas alegorias e simbolismos, e isso por si só exclui muitos episódios que poderiam ser levados ao pé da letra ou, literalmente, do ponto de vista histórico e bíblico. A Maçonaria organizada teve seu começo na data de 24 de junho de 1717, onde a reunião das quatro primeiras Lojas em Londres, o que é anterior a isso, tem que estar documentado. Com relação aos aspectos citados, é bom ouvirmos o que disse José Castellani em seu livro "Manias e Crendices em Nome da Maçonaria":

> *Evidentemente, a partir da metade do século XVII, com a adesão de diversos grupos heterogêneos, inclusive de ocultistas à Maçonaria, foram sendo criadas diversas práticas – desconhecidas dos Maçons operativos – com base em antigas civilizações orientais e em organizações medievais – alquimistas, astrólogos, rosacruzes – levando à infundada crença de que existia Maçonaria em recuados tempos da civilização humana, não chegando, evidentemente, à criação do universo e à pré-história, mas fixando-se nas civilizações que a partir do quinto milênio a. C., se fixaram em torno do mar Mediterrâneo e dos rios Tigre, Eufrates e Nilo. As iniciações dos brâmanes, na Índia, desenvolvidas pelos egípcios, com seus Grandes Mistérios (de Osíris, Ísis e Hórus), continuadas*

pelos gregos, com os mistérios de Elêusis (culto da deusa Deméter – Ceres, para os romanos – e de sua filha Perséfone, ou Coré – Prosérpina, para os romanos) e com os de Pitágoras (pitagorismo), associadas a hábitos religiosos essênios, contribuíram para formar o arcabouço místico da Maçonaria contemporânea. Mas essas entidades todas não eram, na verdade, a Maçonaria, como hoje a conhecemos e que teria tido os seus primórdios em Roma, com o Colégio de Arquitetos, e se fixado na época medieval.

Outra opinião de extrema importância para ser levada em conta, é a do Irmão Darley Worm, reproduzida pelo Irmão Raimundo Rodrigues no seu Trabalho "Sobre os Primórdios da Maçonaria":

> *Para obtermos a idade da Maçonaria, temos de distinguir a Instituição dos seus conteúdos, estes sim, milenares, conforme alguns autores; eternos, segundo outros... Os conteúdos que a Maçonaria assumiu já eram milenares quando Salomão nasceu na casa de Davi e é puro delírio febril alguns historiadores falarem em Maçonaria Arcaica, Antiga ou Arqueológica. Os conteúdos com que lidamos hoje, já eram veneráveis para as Escolas de Mistérios (Elêusis etc.), para os teosofistas, para os rosacruzes, para os gnósticos, para os alquimistas, para os Collegia Fabrorum; ainda que tenham um grande número de pontos em comum mas... nem Pitágoras, nem Jesus, nem Platão etc., eram Maçons, pela simples razão de que a Maçonaria (como Instituição) nem havia sido criada.*

Depois de ter ouvido essas opiniões especializadas, deixemos claro que o propósito maior do presente estudo é acender uma luz nessa "noite dos tempos". Hoje uma luz, e quem sabe, amanhã outra... Iremos agora ao foco, falando sobre o Egito e a sua tão propalada relação com a origem da Maçonaria. Em 1909 foi editado um Trabalho de autoria de Charles Bernardim, onde, por ocasião das pesquisas por ele realizadas na época, observou em 206 obras que falavam diretamente das Origens da Maçonaria, 39 opiniões diferentes sobre o assunto. Logicamente, não elencarei aqui tudo o que ele encontrou, até por questão de espaço, mas direi que, no tocante à Maçonaria possuir sua origem relacionada ao Egito, constaram 18 autores. O fascínio com o Egito, a Egiptomania (a reutilização de motivos do Egito Antigo), diga-se de passagem, é bem antiga. Claro está, ou penso já ter deixado implícito nas entrelinhas, que muitas destas controvertidas opiniões de há muito já foram eliminadas, até porque muitas delas são completamente inverossímeis. No entanto, até mesmo nos tempos atuais, se não estivermos atentos, iremos depararmo-nos, de vez em quando, com hipóteses construídas na proporção de 50% de ficção e 50% de história absolutamente confiável. Disse o Irmão Ambrósio Peters em artigo seu publicado na revista "O Prumo", intitulado "Forjicações Históricas" que:

> *O homem tem uma tendência generalizada, e quanto mais inculto mais acentuada ela se manifesta, de pôr sua fé e suas esperanças exatamente naquela alternativa de verdade que não pode ser objeto de confirmação empírica, desde que contenha algum componente de mistério e venha de encontro aos seus desejos inconscientes. (...) As grandes e mais conhecidas pirâmides do Egito, as de Quéops, Quéfren e Miquerinos, sempre tiveram, pelos ficcionistas de plantão, sua edificação atribuída a seres extraterrenos, únicos e possíveis responsáveis, segundo eles, pela excepcional perfeição das medidas e da orientação astronômica desses monumentos, que não poderiam jamais ser construídos pelos incultos habitantes do Egito. Na realidade, essas pirâmides, como as outras centenas espalhadas pela margem esquerda do rio Nilo, não passam*

de um virtual e bem ordenado amontoado de pedras retangulares, tendo alguns recintos internos em que o trabalho em pedra foi mais aperfeiçoado. Na verdade, essas três pirâmides nem bem niveladas elas estão.

AS ESCOLAS

Um dos grandes motivos da propagação e aceitação dessas teorias fantasiosas deve ser creditado à falta de registros, o que de uma certa forma acaba abrindo espaços para os fantasistas permitirem-se inventar todo o tipo de histórias, ao mesmo tempo em que espicham essas origens para períodos cada vez mais recuados, multiplicando também a aura dos mistérios. Uma tentativa das mais interessantes de engendrar um sistema para apurar as origens da Maçonaria, foram as escolas ou tendências agrupadas segundo o critério do maçonólogo inglês Charles Leadbeater. Porém, é ponto pacífico que mesmo o fato de alguns modernos escritores maçônicos terem adotado até mais de uma dessas escolas, outros as rejeitam criticando-as e apontando suas possíveis falhas, pois, no entendimento deles, algumas delas acabam resvalando para certas liberdades, algo que veremos no transcorrer deste Trabalho. Essas escolas passaram a ser denominadas com os seguintes títulos: a Histórica ou Autêntica, a Antropológica, a Mística e a Oculta. Em uma primeira análise as Escolas Mística e Oculta, estariam enquadradas no que podemos chamar de corrente esotérica, pois guardam entre si mais semelhanças do que diferenças. Da mesma forma a Histórica e a Antropológica. No caso específico da Escola Autêntica ou Histórica, esta cuidou de examinar minuciosamente as antigas tradições, com o apoio de documentos autênticos. Todos os arquivos acessíveis, que tratavam do passado e do presente da Ordem, em poder das municipalidades, povoações, assim como as atas de Lojas, foram estudados e classificados adequadamente.

Ficou, no entanto, uma limitação para essa Escola, já que a Maçonaria, sendo uma sociedade secreta, em várias oportunidades deve ter feito uso de muitas palavras ou segredos que só foram repassados de forma oral, ou seja, algumas coisas jamais foram escritas, o que ocasionou naturalmente uma perda de informações. Um ponto interessante, é o fato de essa escola defender três Graus e não mais, para a pura Maçonaria Antiga, ou seja, Aprendiz, Companheiro e Mestre. Todos os demais Graus e Ritos são encarados pelos mais rígidos adeptos desta escola como sendo inovações, e, sendo assim, rejeitados como Maçonaria "espúria". Aproveitamos das citações acima, no sentido de estabelecer um *link* com uma outra prova sobre a velha fascinação pelas coisas do Egito: o surgimento das Lojas Egípcias fundadas pelo Conde Cagliostro, personagem polêmico, já que, para uns era visto como um místico, e, para outros, um charlatão. No Brasil tem seu defensor ferrenho, que é Joaquim Gervásio de Figueiredo, já citado por ocasião da sua simpatia também pelo ocultista inglês C. W. Leadbeater. A verdade é que o Conde Cagliostro esteve empenhado durante a sua vida em reconciliar religião, magia e Franco-Maçonaria em torno da mística do Antigo Egito. E a partir daí fundou Lojas Maçônicas que praticavam um Rito egípcio. A fórmula encontrada, de unir hieróglifos com Maçonaria além de significar mistério e esoterismo atraiu muitos seguidores, e como já mencionamos antes, exerceu uma espécie de encanto radical. Outra diferença é que as Lojas egípcias aceitavam mulheres, mulheres que em sua maioria pertenciam à nobreza, e não há como negar que houve aí um exercício claro das vaidades em conjunto com as passarelas. Evidentemente, tudo não passou mesmo de um engodo, pois, apesar do nome Lojas Egípcias, havia poucos elementos egípcios, e muita alquimia, cabala e astrologia. Fizeram um relativo sucesso pela referência ao Egito, que sem dúvida foi o seu grande motivo de atração. Por dedução, bem podemos dizer que esse Rito inventado por Cagliostro referente às Lojas Egípcias estaria excluído automaticamente da linha de pensamento da Escola

Autêntica ou Histórica, já que não atendia aos seus requisitos. Uma frase lapidar de Cagliostro digna de ser citada é: "Toda luz vem do Oriente; toda iniciação do Egito". Será que a Egiptomania já havia se instalado com toda força nessa época?

Uma outra relação, que vem aproximar também o nome do Egito e da Maçonaria é a do Rito Memphis-Misraim, que nasceu da seguinte forma: o Rito de Misraim foi fundado em Veneza em 1788. Sua filiação veio através de Cagliostro, que o erigiu com os Graus Menores da Grande Loja da Inglaterra e os Altos Graus da Maçonaria Templária Alemã. O Rito de Memphis foi constituído em Montauban em 1815, por Franco-Maçons que em 1799 haviam participado com Napoleão Bonaparte da Missão do Egito. Em 1881 foram reunidos por Giuseppe Garibaldi. Sobre o Rito de Memphis, foi dito por J. E. Marconis de Nègre, que o mesmo era uma continuação dos antigos mistérios praticados na Antiguidade, na Índia e no Egito. Atendendo ao objetivo que nos propomos, ou seja, detectar ou não evidências das prováveis ligações da Maçonaria com o Egito, devemos citar que o Rito Memphis-Misraim traz implícita em sua vocação essa suposta conexão, pois alega conservar e transmitir a reflexão filosófica, os símbolos do Egito antigo, e das diferentes correntes que marcaram a nossa civilização (hermética, gnóstica, cabalística, templária e rosacruz.). Em 1847, Charles Daremberg em seu curso sobre a História e a Literatura das Ciências Médicas, no Colégio de França, exclamou:

> *É hora de fazer com que a chama da crítica dê um basta para sempre a essa pretensa sabedoria egípcia, verdadeira miragem, que seduz e desorienta os historiadores já há quase quinze séculos.*

Interessante a declaração acima, quando queremos deixar implícito aqui que a Egiptomania já havia se alastrado nessa época, e como podemos ver, não somente no que se refere propriamente à

Maçonaria. Alec Mellor, grande estudioso da Maçonaria, assim se manifestou, sobre o Rito Egípcio ou Maçonaria Egípcia:

> *Seria possível escrever um livro enorme sobre a "falsa egiptologia" e sobre o lucro que ela trouxe, e que ainda traz, a gerações de impostores. Os autênticos egiptólogos indignam-se em vão.(...)*

Diante disso tudo, é bom que mantenhamos nossos olhos bem abertos, e nossos cuidados daqui para a frente sendo redobrados, pois, são tantas as ramificações, e a maioria delas privilegiando a Egiptomania, em detrimento da Egiptologia. Já no tocante à Escola Antropológica, a sua metodologia consiste numa pesquisa que é realizada, a planejada reunião de uma grande quantidade de conhecimentos sobre os costumes religiosos e iniciáticos de vários povos do tempo presente e da Antiguidade, e, a partir daí, sendo confrontados esses símbolos e sinais descobertos, com os seus similares em poder da nossa Ordem. Acontece que, nesse rastrear, acabam sempre encontrando semelhanças em Ritos do mundo inteiro, o que faz que se dilua em parte a ideia de que certos povos, por serem antigos, ou por ocuparem determinadas áreas geográficas, exerçam uma ligação íntima com a história da Maçonaria, o que não tem se revelado bem assim.

Como disse Raimundo Rodrigues: "*Quando se diz que os antropólogos encontraram qualquer coisa que lembra Símbolo Maçônico, então fica "provada" a antiguidade e a universalidade da Maçonaria*". (Aliás, estas conclusões têm de ser exploradas quando o assunto é a suposta origem egípcia da Maçonaria, ou, no mínimo, a colocação de ressalvas.) Essa Escola, a Antropológica, acabou atribuindo à Maçonaria uma idade bem maior que a instituída pela Escola Autêntica. Quanto às outras escolas, a Oculta e a Mística, na verdade, tendências de cunho espiritualista, elas não estariam muito preocupadas com as origens da Maçonaria, mas em estabelecer parentescos com escolas de mistérios da antiguidade, e aí é lógico que entram em cena novamente as tradições do Egito Antigo.

Apropriando-nos de uma vertente do pensamento do estudioso Theobaldo Varoli Filho, é bom sabermos do seu parecer sobre o Maçom místico:

> *Maçom místico é o Maçom que fica preso ao passado, isto é, o Maçom sonhador, procurando nas lendas inspiração para que possa fazer a sua conceituação da Ordem.*

Os seguidores da Escola Mística estão interessados principalmente na interpretação dos símbolos, e em promoverem o seu desenvolvimento espiritual. Na visão deles, a Maçonaria é um caminho para encontrar Deus. E no caso dos seguidores da Escola Oculta, especificamente, eles acreditam que todas as religiões do mundo foram fundadas por ocultistas, e que acessando os seus arquivos se tem conhecimento do homem pré-histórico, das civilizações da Antiguidade, remontando até ao Egito, berço da Maçonaria pela Loja Branca, que é a responsável pelas glórias do mundo antigo.

SOBRE A TEOSOFIA, E SOBRE A TRADIÇÃO INVENTADA DO EGITO

É bem verdade que no Brasil o território foi sempre fértil para teorias fantasiosas, e que elas acabam ganhando sempre uma legião de adeptos. Há uma outra situação apontada, por conta de uma matriz intelectual que é o orientalismo do séc. XIX, e da ocultista Helena Blavatsky. Sobre a Madame Blavatsky, podemos adiantar que juntamente com Henry Steel Olcott, outro membro da Escola Ocultista, foram os fundadores da Teosofia, criada com o objetivo de estudar o esoterismo, o ocultismo, a telepatia, o espiritismo, sob os ditames de supostos mestres ocultistas, magos e médiuns da Turquia, Inglaterra e do Egito. A Sociedade Teosófica depois veio a ficar desacreditada por causa do recurso à superstição, pela admissão da impiedade e da obscenidade e pelo uso da fraude (processos ocultos), ainda que até hoje mantenha uma legião de adeptos pelo mundo.

Importante citarmos, neste contexto, as ponderações do Irmão Rodrigo Otávio da Silva constantes em seu Trabalho "A TRADIÇÃO INVENTADA DO EGITO" publicado na revista "A TROLHA", do qual retiro as passagens a seguir:

> *A apropriação dessas ideias blavatskyanas nos estudos da vertente espiritualista institui uma tradição autor-reprodutora, na qual o conhecimento deixa de exigir a aplicação à realidade: passa a ser o que é passado adiante silenciosamente, sem comentários, de um texto a outro. As ideias são propagadas e disseminadas anonimamente, repetidas sem atribuição; literalmente tornaram-se ideias* ***recues****; o que importa é que estejam lá, para serem repetidas, e ecoadas e reecoadas acriticamente (SAID, 1990:125). Ou seja: a "verdade" da tese da gênese da Maçonaria no Antigo Egito está na retomada "****ipsis litteris****" do pensamento de autores esotéricos do século XIX, que funcionam como uma "Biblioteca da Autoridade", sempre pronta a ser usada. É o que Edward Said chamou de "repetição por extrato" ou "citação restauradora da autoridade precedente". O Egito faraônico assim pensado configura-se como uma tradição inventada (HOBSBAWM, 1997:9-10), que pretende "inculcar certos valores e normas de comportamento através da repetição, o que implica, automaticamente, uma continuidade e relação ao passado, (...) uma continuidade bastante artificial".*

Cito aqui, como complemento, a provocativa afirmação de parte de Hobsbawm na introdução do seu volume de ensaios intitulado "A Invenção das Tradições", de que as tradições "que parecem ou se apresentam como antigas são muitas vezes bastante recentes em suas origens, e algumas vezes são inventadas".

Não queremos, com isso, afirmar que todas as tradições são invariavelmente inventadas.

FRAGMENTOS DE UM ESTUDO DE CASTELLANI

Num estudo intitulado "A Herança Egípcia na Maçonaria", José Castellani depois de dar uma pincelada sobre a história antiga do Egito, assim prossegue:

> *Esses rápidos traços históricos mostram uma civilização evoluída, propensa a obras monumentais – não só as Pirâmides, mas também os templos e monumentos funerários de Tebas, Carnac e do Vale dos Reis – mas totalmente dominada pela classe religiosa e pela propensão à magia. Devido a isso, é discutível a contribuição egípcia no terreno científico e intelectual, embora alguns eruditos de boa-fé e muitos pseudocientistas tenham acreditado perceber, na construção das pirâmides, as provas de conhecimentos geométricos e astronômicos extraordinários. Na realidade, nenhuma verdadeira ciência poderia ter sido concebida por tais espíritos demasiadamente religiosos e empíricos, como, de resto, aconteceu com todo o Oriente antigo, permanecendo com os gregos o galardão de terem chegado à ciência pura, teórica e desinteressada, pela total desvinculação das práticas de magia e das pressões de uma sociedade teocrática. Em relação à Maçonaria, autores ocultistas ou mistificadores, tomam, como base de suas teorias, a Grande Pirâmide, indo contra a conclusão histórica de que ela seria um monumento funerário e afirmando que a sua finalidade era abrigar membros*

de ordens iniciáticas secretas. A Grande Pirâmide, esse enorme monumento de pedras superpostas, tem, na realidade, muito pouco espaço vazio...

Castellani dá continuidade descrevendo as câmaras, as suas utilidades e funções até chegar ao seguinte:

Todavia, aqueles que querem fazer crer que a Grande Pirâmide era usada para a prática de Ritos iniciáticos (Leadbeater, Paul Brunton e outros), aproveitam-se do fato de o sarcófago da Câmara do Rei encontrar-se vazio e de não existirem as inscrições encontradas em outros túmulos, para contrariar e contestar a finalidade fúnebre da construção.

E mais:

Em relação à Maçonaria, há autores que defendem sua origem egípcia, dizendo que as práticas hebraicas, hoje presentes em alguns Ritos Maçônicos, foram transmitidas aos hebreus por Moisés, que teria sido iniciado nos Mistérios Egípcios. É provável que Moisés, criado por família nobre, depois de ter sido achado boiando, dentro de um cesto, no rio, tenha tido contato com a classe sacerdotal, aprendendo os rudimentos dos Ritos mágicos do clero egípcio; todavia, sendo estrangeiro, é pouco provável que tenha se aprofundado nesses Ritos, pois os sacerdotes não permitiriam, como não permitiram a outros estrangeiros, como Platão, Pitágoras, Apuleio e Heródoto, que só tiveram acesso à parte mais superficial dos Ritos, os Mistérios Menores.

E concluindo o pensamento de Castellani:

São poucas as influências da antiga civilização egípcia

na Maçonaria atual – foi a partir do século XVIII que os símbolos alusivos às antigas civilizações foram sendo introduzidos – podendo ser citadas. (...) As colunas do pórtico do templo, que embora baseadas naquelas existentes no templo de Jerusalém, são egípcias. (...) A abóbada estrelada, encontrada em muitos Templos Maçônicos, tem origem na arte templária do antigo Egito. (...) A lenda de Osíris (o Sol) e de Ísis (a Lua) também deve ser considerada como a precursora da lenda do artífice Hiram Abi, ensinada no terceiro Grau Maçônico.

E aí encerra. Aliás, no aspecto referente às abóbadas, Madame Blavatsky em seu livro "As Origens do Ritual na Igreja e na Maçonaria" procedeu a um comentário com o qual Castellani fez eco acima, conforme segue:

A abóbada das catedrais e igrejas gregas ou romanas são muitas vezes pintadas de azul e juncadas de estrelas douradas, para representar a abóbada celeste. Isso é copiado dos templos egípcios, onde o sol e as estrelas eram adorados. A mesma homenagem é feita ainda no Oriente, como na época do paganismo, pela arquitetura cristã e maçônica.

Isso tudo corroborado por Fernando César Gregório em seu livro "O Templo Vivo de Salomão" ao afirmar:

A tradição egípcia do templo foi transmitida à igreja romana passando pelo de Jeová construído por Salomão.

Este último autor sustenta também o pensamento de que pela quantidade de semelhanças existentes entre a antiga lenda egípcia de Osíris e a lenda de Hiram, esta poderia ter emanado daquela. Pudemos perceber até aqui, de forma nítida, que embora possam haver concordâncias sobre uma e outra influência do Egito, não existem unanimidades sobre heranças maiores por parte da Maçonaria.

AS FONTES DISCUTÍVEIS

No capítulo intitulado "Mistérios Antigos: Egito" do livro de sua autoria "Maçonaria – Mistérios, Lendas e Fatos", Cortez a certa altura comenta o seguinte:

> *O aparecimento, posteriormente, da lenda de Osíris e, principalmente, a possibilidade da existência de um conjunto de mistérios ligados a Ísis e Osíris, levou inúmeros Maçons do Século XIX e início do Século XX, em especial, aqueles ligados ao Misticismo e ao Ocultismo, a procurar ligações e origens de nossas Cerimônias e Símbolos junto àquela civilização e seus possíveis mistérios.*

E mais adiante:

> *A Maçonaria mantém sempre presente, em sua filosofia, os conceitos de vida, morte e ressurreição, representados por fatos também lendários. O Cristianismo mantém a tradição da vida, morte e ressurreição de Cristo. No entanto, isto não significa, e nem poderia significar, que tanto o Cristianismo como a Maçonaria, tiveram suas origens relacionadas aos antigos cultos e mistérios egípcios.*

Aqui, e no intuito de estabelecermos as dissonâncias que surgem ao natural, quando feitas comparações, torna-se imprescindível retornar a Charles Leadbeater, quando colocou o que segue:

Foi por intermédio dos judeus que (esses Símbolos e Ritos) chegaram até nós. Ainda, segundo ele também, os mistérios egípcios fundiram-se aos mistérios judaicos durante a construção do Templo do Rei Salomão. Joaquim Gervásio de Figueiredo, defendendo as teorias de Leadbeater, no verbete "MISTÉRIOS JUDAICOS" constante do seu Dicionário de Maçonaria, dispôs o que segue:

> *Os Ritos e Símbolos Maçônicos atuais tiveram origem*

egípcia, porém a maioria deles nos chegou através dos judeus. (...) Em sua Pequena História da Maçonaria, p. 106, o Irmão Leadbeater (aqui são as palavras de Joaquim Gervásio de Figueiredo para descrever Leadbeater) com a competência que todos lhe reconhecem, resumiu muito bem este ponto: "A tradição dos Mistérios judaicos foi levada a Roma, e dali passou através dos Colégios para as guildas medievais, para finalmente emergir no século dezoito nos rituais especulativos dos Graus Simbólicos, no Santo Real Arco e no Grau Mark do Mestre Maçom, e nos demais emblemas e cerimônias que foram incorporados a certos Graus subsidiários pertencentes, em sua época simbólica, ao antigo pacto (cf. Gên. 9:12, 15; Êx. 19:20; I Reis 2; Esd. 3). Os Mistérios Judaicos são a fonte de nossa presente tradição; os três Graus Simbólicos são, e sempre foram, a base de todo o sistema da Iniciação Maçônica, pois encerram as relíquias dos Mistérios Menores e Maiores do Egito, que em sua forma original podem ser denominados Graus".

A PRESENÇA DO EGITO NOS TEXTOS MAÇÔNICOS BRASILEIROS

Na questão comprovada da apropriação do Egito Antigo e sua reiterada tematização pela Maçonaria brasileira em seus textos, não é difícil aderir à linha de pensamento de Hobsbawm no que se refere às suas "tradições inventadas". Existe um estudo disponível na Internet, que tem por título "Apropriações Contemporâneas do Egito Antigo: Antiguidade e tradição no discurso maçônico brasileiro", com origem numa monografia de conclusão do Curso de Graduação em História da UFRN, que diz assim:

O discurso maçônico brasileiro sobre o Antigo Egito

cumpriu uma função ideológica, ligada aos interesses dos adeptos de uma corrente de pensamento da Maçonaria: a vertente esotérica ou espiritualista. Os partidários desta corrente de ideias buscaram no simbolismo do Egito Faraônico uma forma de poder, baseados nos atributos míticos desta civilização, inventando uma tradição que vinculava a história da Maçonaria ao Egito antigo e usando essa mesma tradição para garantir o direito de intervir nos rumos da Ordem no Brasil, reivindicando mudanças no comportamento da instituição no mundo contemporâneo.

É muito apropriado que no intuito de analisarmos melhor essa questão, ou para que cheguemos às nossas conclusões vindouras que tomemos conhecimento de um outro excerto do texto citado acima que diz:

Nos estudos da intelectualidade maçônica brasileira, o tema do Antigo Egito nunca aparece isolado, constituindo um objeto próprio de atenção ao pesquisador. Ele emerge sempre relacionado às narrativas da Bíblia, auferindo desta a legitimidade de sua "emergência" e sua razão dentro do repertório simbólico da Maçonaria. Assim, o Egito dos textos maçônicos só se incorpora à cosmogonia da Ordem, obtendo seu reconhecimento, a partir de sua pertença ao mundo das Sagradas Escrituras. Aqui, nesta seção, interessa-nos saber como tal processo ocorre e quais os expedientes, estratégias e mecanismos textuais mobilizados. Propomos, então, partir de dois eixos: aquele que busca na figura de Moisés o elo da Maçonaria com o Egito antigo; e o que recorre à personagem de Jesus, estreitando os referidos laços.

O estudo em si guarda uma relação perfeitamente detectável com o que de uma certa forma já havia insinuado Castellani, ao dizer que na construção do arcabouço místico da Maçonaria também estão associados hábitos religiosos essênios, e isso, com certeza, ainda rende bastante no livro que citaremos logo a seguir e que é objeto de análise do estudo acima.

FRAGMENTOS DA OBRA "MISTÉRIOS E MISTICISMOS DAS INICIAÇÕES" DE PAULO SÉRGIO RODRIGUES CARVALHO, ADEPTO DA CORRENTE ESOTERISTA

Na apresentação que "Xico Trolha" realizou por ocasião do lançamento do livro acima pela sua editora, ele fez questão de mencionar que era adepto da Maçonaria Autêntica, que combatia Leadbeater, Ragon, Adoun e outros teósofos, mas que como editor tinha o dever de abrir espaço para outras correntes maçônicas, entre elas a corrente esoterista, da qual faz parte Paulo Sérgio Rodrigues Carvalho, com o seu livro "Mistérios e Misticismos das Iniciações". O estudo que foi citado acima, "APROPRIAÇÕES CONTEMPORÂNEAS DO ANTIGO EGITO", quando da sua elaboração levou em conta substancialmente "os usos e reúsos do Antigo Egito na literatura da Maçonaria brasileira, em particular os estudos publicados sobre esta civilização antiga na Revista Maçônica "A TROLHA", principal Casa Publicadora da Ordem no Brasil". Também mereceu considerações nesse estudo o fato de que tanto a "Egiptologia como a Egiptomania se apresentavam como caminhos possíveis de se pensar cientificamente o Antigo Egito no Brasil". O livro de Paulo Sérgio Rodrigues Carvalho compreende uma série de assuntos comprovadamente esoteristas, onde no capítulo referente às Iniciações, por exemplo, podemos ler questionamentos de autoria da Madame Blavatsky, envolvendo a atribuída sabedoria aos egípcios:

> *Como podiam os sacerdotes egípcios adquirir conhecimentos tão maravilhosos, em todos os ramos da ciência,*

sem dispor de um manancial ainda mais antigo? Os "quatro" centros famosos de ensinamentos do antigo Egito são historicamente menos duvidosos que os começos da Inglaterra moderna.

Castellani deve ter lido, e não concordado com isso. Mais adiante, em outro capítulo intitulado "Os segredos das Pirâmides", o trecho inicial é de Leadbeater, de onde retiro o que vem a seguir:

(...) Os Egípcios praticavam a Iniciação na Grande Pirâmide (Gizé ou Quéops). Este monumento maravilhoso jamais foi tumba de Faraó, como pretendem demonstrar alguns sábios. A Grande Pirâmide é fidelíssima cópia do corpo humano e podemos dizer, simbolicamente, que é a tumba do Deus íntimo que se acha dentro do homem.

E para finalizar os excertos do livro em questão, cito um outro, também da Madame Blavatsky, que está inserido no capítulo denominado "Jesus: o Essênio", e que diz assim:

Moisés foi iniciado no Egito, era profundamente versado nos mistérios teológicos, físicos e metafísicos dos sacerdotes. Aarão, seu irmão, e os outros chefes hebreus se tornaram depositários dessas doutrinas. Esses chefes Levitas se dividiam em várias classes, conforme os costumes dos padres egípcios. Mais tarde, veio ao mundo o Filho de Deus. Foi educado na escola de Alexandria. Cheio de um espírito inteiramente Divino, dotado da mais admirável inteligência, conseguiu alcançar todos os graus de Iniciação Egípcia (Essênia).

No final do capítulo anterior, referimo-nos à proposta dos autores do estudo sobre "Apropriações Contemporâneas do Egito Antigo" que era partirem de dois eixos: um, o que buscava na figura de Moisés, o elo da Maçonaria com o Egito Antigo, e o outro, que recorria à personagem de Jesus, enredamentos que podemos então perceber ao longo da leitura do livro, e especificamente na passagem acima.

CONCLUSÕES

O conhecimento que a Maçonaria angariou durante todos estes séculos, até pode conter resquícios lá do Antigo Egito com seus Ritos de mistérios, mas não há como não concordarmos que nada mais resta em sua pureza original. O Egito foi, indiscutivelmente, o que mais se distinguiu na Antiguidade, e através da Egiptologia muito tem vindo à luz do que essa civilização realizou nas artes, nas ciências e na cultura num sentido geral. É claro que por essas e outras, fica difícil falar da Maçonaria sem falar do Egito, mas isto também não quer dizer cabalmente que a Maçonaria deriva do Egito ou das velhas Escolas de Mistérios do Egito, e sabe-se lá quais exatamente. Um pouco dessa antiga cultura corre nas veias da Maçonaria, mas é quase certo que quando começou a correr o Egito já era muito antigo, e um fato muito importante de ser levado em consideração, foi citado no livro de autoria de João Antonio Ardito, do qual transcrevemos esta passagem:

> *Assim quando certos Rituais, já em desuso, afirmam que a Instituição tem suas origens nas fraternidades egípcias, é porque neles havia uma velha lição dos rosacruzes a pretender que o conhecimento de práticas mutualistas e fraternais, adotadas pelos Maçons, derivariam da antiga terra dos faraós.*

Pontos a favor existem e não podemos escondê-los, ou tomá-los para generalizações. Uma parte, pelo menos das prováveis ligações com o Egito, pode ser o fato de a religião egípcia ser muito identificada com o culto da morte, daí o mito de Osíris assimilado ou transmudado na Maçonaria para o culto do Mestre Hiram. A verdade é que, por alguns atribuírem essa antiguidade toda à Maçonaria, torna-se muito difícil detectar exatamente quais tradições e filosofias antigas foram preservadas pela Maçonaria em suas essências. Uma grande questão que ainda permanece: Até onde foi que os ocultistas e místicos influíram com suas crenças, tornando-as parte do arcabouço maçônico? Sabe-se que o Rosacrucianismo influiu bastante na Maçonaria, a partir do momento, sobretudo, em que a Maçonaria passou a ser Especulativa, e sabe-se também que os rosacruzes afirmam que grande parte dos seus ensinamentos vem do Egito Antigo. As possíveis conexões disso tudo ficam a merecer um estudo em separado. Aliás, os rosacruzes remontam o início da sua Ordem ao reinado do Faraó Tutmose III. E ainda, eles têm como Grande Mestre da entidade o Faraó Akhenaton, fundador da primeira religião monoteísta do mundo. Na realidade, até mesmo historiadores da antiguidade já se encantavam com a civilização egípcia, fenômeno que vem de longe e que permanece até os nossos dias sendo alimentado constantemente pela Egiptomania. Estão sempre surgindo "falsas novidades" e "descobertas bombásticas" sobre uma história que, se a acreditarmos em todas e tantas especulações que estão por aí, passa a ser uma "história sem fim", e sem o fornecimento de provas cabais, tudo pode ser inventado. Recentemente, vem sendo defendida uma teoria que faz remontar essa civilização para 15.000 anos a.C., além de sustentar a ideia de que nem as pirâmides, ou a Esfinge são contemporâneas daqueles faraós tidos como seus construtores, mas uma herança provinda de uma raça mais adiantada, os atlantes. Claro, não pretendemos aqui dar prosseguimento a mais um capítulo que poderia render muito, para provar sobre o Egito ser uma colônia dos atlantes, mas deixar claro que aquilo que é considerado verdade verdadeira, em termos de civilizações antigas, é mesmo o que está apoiado em provas e documentos, o resto é especulação. Em nenhum momento pensei em esgotar aqui este tema, mas fazer um enquadramento de tudo isso dentro do que seria mais passível de aceitação, e é óbvio que também deixar algumas pistas para quem "Sapere Aude" ("Ouse Saber"), e queira prosseguir nas pesquisas. Para colocarmos um ponto final por agora, vejamos o que o ilustre pesquisador Nicola Aslan pronunciou sobre as origens da Maçonaria:

> *Deixemos de lado as brilhantes, porém mentirosas origens da nossa Instituição, quer egípcias, quer judaicas, quer de quaisquer outras procedências igualmente inverídicas. A Maçonaria é um produto genuinamente inglês e medieval, operário na origem e não iniciático ou religioso.*

REFERÊNCIAS BIBLIOGRÁFICAS

Livros

ARDITO, João Antônio. *Maçonaria – Lendas, Mistérios e Filosofia Iniciática.* São Paulo: Madras, 2002.

ASLAN, Nicola. *A Maçonaria Operativa*. Londrina: "A TROLHA", 2008.

BLAVATSKY, H. P. *As Origens do Ritual na Igreja e na Maçonaria*. Pensamento, 1995.

CARVALHO, Paulo Sérgio Rodrigues. *Mistérios e Misticismo das Iniciações*. Londrina: "A TROLHA", 2000.

CASTELLANI, José. A Herança Egípcia na Maçonaria. **Caderno de Pesquisas Maçônicas 20.** Londrina: "A TROLHA", 2003.

______. *Manias e Crendices em Nome da Maçonaria*. Londrina: "A TROLHA", 2002.

CORTEZ, Joaquim Roberto Pinto. *Maçonaria – Mistérios, Lendas e Fatos.* Londrina: "A TROLHA", 2007.

FIGUEIREDO, Joaquim Gervásio de. *Dicionário de Maçonaria.* Pensamento.

GREGÓRIO, Fernando César. *O Templo Vivo de Salomão*. Londrina: "A TROLHA", 2003.

RODRIGUES, Raimundo. Sobre os Primórdios da Maçonaria. **Caderno de Pesquisas Maçônicas 19**. Londrina: "A TROLHA", 2001.

ZILLES, Urbano. *Religiões – Crenças e Crendices*. EdipucRS, 2002.

Revistas

"A TROLHA", n. 94, 218, 235.

Conhecer Fantástico – Maçonaria – n. 41, e n. 52.

Año Cero – Ano VI – n. 12 – Madrid – España.

Guia de Maçonaria – n. 1 – On Line Ed.

MÁS ALLÁ – Monográfico – n. 58 – Madrid – España.

O Pesquisador Maçônico – n. 04.

O Prumo – n. 87.

Internet

BOLLER, Charles Evaldo. *Onde Começou a Maçonaria, foi no Egito?* Disponível em: <segredomaconico.blogspot.com/.../aondecomecou--maconaria-foi-no...>.

Apropriações Contemporâneas do Egito Antigo: Antiguidade e Tradição no discurso maçônico brasileiro. Disponível em: <www.pucrs.br/ffch/historia/egiptomania/.../apropriacoes.pdf>.

A Maçonaria e o Antigo Egipto. Disponível em: <www.fraternidadeserrana.com/br...>.

A História do Rito Memphis-Misraim. Disponível em: <pt.wikipedia.org/wiki/rito-de-Memphis-Misraim>.

Reflexões de um Bibliotecário

Vamos dar início ao presente Trabalho utilizando um termo bem atual: gestão. Agora vamos acrescentar um outro: biblioteca. Seguindo a linha de raciocínio anterior vamos inserir a figura de um Bibliotecário, ou, um gestor para esta biblioteca. O gestor estará na posição correta, se foi escolhido para desempenhar a função pelo seu talento, seu conhecimento da área e, até, seu amor pelos livros. Por que então, a biblioteca, que recebe no mínimo o aporte de um livro por mês (isto não é muito comum, em se tratando da biblioteca de uma Loja Maçônica), possui um desempenho fraco (consideremos desempenho a média de empréstimos de livros num determinado período), ou usando da terminologia própria à gestão, uma baixa performance?

Vamos voltar no tempo: na década de setenta, a revista "A TROLHA" publicou um artigo intitulado "Por que os Maçons não leem?", de autoria do Irmão Kurt Prober. O artigo em questão, diga-se de passagem, foi republicado em outras edições maçônicas. Afora o fato de percebermos aí que o problema já era antigo e provocava inquietação em alguns Irmãos, parece que o panorama não mudou quase nada. Estamos falando aqui, meus Irmãos, em primeira instância de literatura maçônica, e numa projeção maior, de literatura em geral. As razões alegadas naquela ocasião: falta de interesse, de entusiasmo, motivação mínima, ou simples preguiça intelectual. De lá para cá muita coisa evoluiu, é claro, a começar pela "cibercultura", que na linguagem própria dos seus profetas anunciaram os *e-books*, ou livros eletrônicos, ou ainda as impalpáveis *webpages*, como sendo os substitutos do livro tradicional. Ora, ora, a "cibercultura" também já leva vários anos, juntamente com a Revolução Digital, hipertextos, ou multimídia, e não conseguiram substituir o prazer de ler o velho e bom livro. Entendemos que são ferramentas úteis também, mas esta propalada interatividade multimídia não deixa o espaço que o livro dá à imaginação.

Voltando ao cenário da Loja Maçônica: nossa Loja, ou qualquer outra não pode e não deve conservar sua biblioteca como um mero depósito de livros. Livros são para ser lidos, manuseados, e é assim que uma biblioteca ganha dinamismo. No dizer de Eliane Fitippaldi, mestre e doutora em Letras pela USP, com a leitura ganhamos "capacidade de expressão verbal, poder de persuasão, habilidade de raciocinar logicamente, e capacidade de enriquecer o real com a metaforização". Preocupa-me sobretudo o seguinte: se a Maçonaria é um repositório de conhecimentos, escola que guarda os tesouros das mais variadas filosofias, às vezes, ocultos em meio a tanta simbologia... Como desvelá-los, como entender estes mistérios, explorá-los, conhecê-los, sem os benditos livros? Como sermos Mestres fazendo jus ao que a palavra verdadeiramente significa: homens dotados de grande saber, homens que podem ensinar, mas sem o hábito da leitura? Como repassar aos aprendizes a herança milenar da sabedoria de tantos povos, que a Maçonaria detém? Como infundir a vontade de seguir galgando os Graus sem saber indicar ao menos as boas leituras, as leituras pertinentes, ou as leituras que acendem a curiosidade? Reflitamos sobre tudo isso que foi dito acima, entendamos o quanto há para ser feito, e façamos o que tem de ser feito para honrarmos o título de livres-pensadores de verdade. Para finalizar deixo-lhes os pensamentos de três escritores argentinos sobre este objeto, o livro.

De Adolfo Bioy Casares:

Parecia-me que a literatura agregava quartos ao mundo, assim como se agregam quartos a uma casa. E esses quartos eram infinitos e atraentes. Creio que os bons livros são como casas em que uma pessoa gosta de morar.

De Alberto Manguel:

Passei meio século colecionando livros. Imensamente generoso, meus livros não me pedem nada e me oferecem todo tipo de iluminação.

De Jorge Luis Borges:

Dos diversos instrumentos utilizados pelo homem, o mais espetacular é, sem dúvida, o livro. Os demais são extensões de seu corpo. O microscópio, o telescópio, são extensões de sua visão; o telefone é a extensão de sua voz; em seguida, temos o arado e a espada, extensões de seu braço. O livro, porém, é outra coisa: o livro é uma extensão da memória e da imaginação.

BIBLIOGRAFIA

AUGUSTO, Sérgio. *As Penas do Ofício*. Agir, 2006.

BORGES, Jorge Luis. *Cinco Visões Pessoais*. UnB, 1985.

MANGUEL, Alberto. *A Biblioteca à Noite*. Cia das Letras, 2006.

Revista "A TROLHA" – set. 2003. Londrina: "A TROLHA".

Revista "Discutindo Literatura" n. 5. Editora Escala educ.

Subsídios para a Elaboração de Textos e Trabalhos Maçônicos

UMA PEQUENA INTRODUÇÃO SOBRE A ARTE DE ESCREVER

"Aprende-se a escrever, escrevendo", disse Aires da Mata Machado Filho. Esta sentença é lapidar e encerra, talvez, a maior de todas as lições, pois contém em sua essência o chamamento ao exercício, um convite que, se aceito, irá desencadear o processo. Escrever, todos podem escrever. Os pontos nevrálgicos dizem respeito a como expressar-se corretamente, como adquirir o domínio da Língua, como escrever com segurança, o que em outras palavras significa dizer segurança gramatical. Para começar a escrever, o que ninguém nasce sabendo, a primeira exigência é querer. Agora, será que alguém vai poder escrever e expressar o seu pensamento, sendo completamente avesso à leitura? Bem, talvez seja quase impossível ser avesso à leitura numa época como esta em que vivemos, mas chega a ser muito comum não ler nada além do que a profissão e a função exigem. Alega-se a falta de disposição ou falta de tempo, para não ler nada mesmo. Sem entrar na questão da variedade de brinquedos que o grande parque de diversões do mundo moderno oferece em detrimento da leitura, ou para justificar onde "gastarmos" o tempo esse que dizemos não possuir para o hábito salutar da leitura, a verdade é que "o pior analfabeto é aquele que sabe ler e não lê". A segunda exigência então, é desenvolver o hábito da leitura, e se for o caso leia tudo aquilo que lhe cair às mãos, simplesmente leia. Lembre-se constantemente de que quem quer chegar um dia a escrever com um certo desembaraço, precisa ler muito, e escrever alguma coisa habitualmente. Aliás, será que alguém pode intitular-se um livre-pensador, sem cultivar o saber, sem a curiosidade que move a conhecer, e sem o prazer de buscar a cultura elevada? A sabedoria vem com o tempo, e só a atingimos de verdade quando compreendemos o que conhecemos. Por incrível que pareça, por mais que hoje tenhamos tantas e melhores ferramentas à disposição, para que nos seja facilitado apresentar textos e trabalhos melhores, em muitos casos a informação acaba meramente sendo reproduzida, pois, o que mais se veem são cópias escandalosas de material oriundo da Internet. Não é um problema afeto a uma área específica, pois atinge a todos os setores. No colégio, na faculdade, no ambiente de trabalho, e não poderia ser muito diferente no âmbito da nossa Instituição. Maçonaria não é faculdade, mas é como se fosse. A partir do momento que ingressamos nela, estamos conscientes de que precisamos dedicar todo o nosso empenho em promover e cuidar do nosso aperfeiçoamento moral e intelectual. Para a aferição do progresso dos Aprendizes e Companheiros, ou de como estão assimilando os conhecimentos que estão adquirindo por intermédio dos processos de aprendizagem utilizados pela Loja, onde o envolvimento e auxílio dos seus agentes mais diretos para ministrá-los como sejam, Padrinhos, Primeiro e Segundo Vigilantes, e demais Mestres quando solicitados, é que são exigidas as apresentações dos Trabalhos de Grau.

SOBRE A ESCOLHA DOS TEMAS PARA APRESENTAÇÕES DE TRABALHOS E TEXTOS

No livro "Instrucional Maçônico – Grau de Aprendiz", de

autoria de Tito Alves de Campos, consta na abertura do cap. 5, o que passo a transcrever na sequência:

> *O trabalho do Grau é um instrumento do método instrucional maçônico. Quando um Aprendiz já houver demonstrado evidência de conhecimento necessário do Grau e os fatos demonstrem, o Irm∴ Vig∴ convida-o a escolher um tema dentre os que mais impressão tenha causado em seu espírito. Feita a opção, o Aprendiz elaborará um Trabalho a ser apresentado em Loja. É preferível que seja compacto, objetivo e que, principalmente, contenha as suas conclusões, depoimentos pessoais sobre experiência pessoal resultante da vivência maçônica e da aplicação moral e operativa dos primeiros ensinamentos maçônicos alcançados e praticados pelo Aprendiz. É importante que o Irm∴ Vig∴ não interfira nas conclusões do Aprendiz, devendo prestar-lhe orientação eventual somente quando solicitado.*

Dando prosseguimento, vejamos um dos pontos cruciais do que foi apontado e que poderemos abordar aqui no intuito de propiciar a ajuda para quem vai elaborar um Trabalho ou texto maçônico: a escolha do tema. Então, recorramos ao Irmão Derly Halfeld Alves, em seu livro "Peças de Arquitetura – Vol. II":

> *Quanto ao tema para desenvolvimento de um "Trabalho" a ser apresentado, como é previsto na nossa legislação, independente do Grau de acesso, procuro, em consonância com os demais membros da comissão, escolher um tema, de caráter maçônico e, por vezes, biografia maçônica de um ilustre Irmão. Tenho convicção de que o Candidato quando se debruça a meditar sobre a matéria a ser desenvolvida no campo maçônico, sente certa dificuldade, principalmente quando o estudo se desenlaça*

num passado muito distante. (...) Quando o Candidato tem uma profissão profana e que a exerce com afinco, com amor ao seu trabalho, também na Ordem Maçônica, ao ser admitido, tem a obrigação de se empenhar de coração e adquirindo propensão maçônica, não será difícil exercer esta digna profissão de fé, ou seja, adquirir conhecimentos através da leitura e da apresentação de Trabalhos com assiduidade.

Podemos acrescentar a essa opinião, que para o Aprendiz a escolha do tema deve passar necessariamente por um assunto que não seja extenso demais, que vá demandar muitas pesquisas, e não envolva muitas correntes de pensamento, pois isso pode vir a afetar ou comprometer a clareza que o trabalho exige. Fundamental é que seja um tema maçônico e que desperte interesse, sem ser maçante, sobretudo. "Não dá para ir com muita sede ao pote", já dizia o ditado, e assuntos muito extensos acabam se tornando cansativos além do que, e principalmente ao estreante, falta-lhe todo um domínio do contexto, o que poderia vir a prejudicá-lo. Para quem vai construir um texto visando participação em uma coletânea, uma palestra em Loja, ou mesmo um seminário, e já possui certa experiência, com certeza deverá colocar mais substância, mais profundidade, enfim, terá de ousar mais. E aí a escolha dos temas pode variar bastante, observado o tempo a ser utilizado, e o ferramental disponível, que podem envolver desde História, Geografia, Simbolismo, Ritualística, Filosofia, Religião, e ainda outros. A gama de assuntos se abre mais, com certeza, para quem já possui um certo domínio e uma certa segurança.

O ESQUELETO DO TRABALHO OU DO TEXTO

Para nos comunicarmos melhor atendemos a certas regras. Algumas delas trazemos lá dos bancos escolares, e de muito serem utilizadas acabam como que virando automáticas. Existem três aspectos, na construção de um texto, de uma redação, que são: introdução, desenvolvimento e conclusão. Sem este tipo de esqueleto, nenhuma redação, trabalho ou texto consegue sustentar-se sem que haja o risco de um desabamento. Vamos recordar um pouco:

INTRODUÇÃO: Primeira parte do texto, a parte inicial que vai definir sucintamente os objetivos da elaboração do texto ou do trabalho. Para o melhor aproveitamento possível na proposta de ajudar ao iniciante na feitura da sua produção intelectual, listamos alguns aspectos a serem apreciados nesta questão, no entender do grande e sábio Irmão que foi Breno Trautwein, quando escreveu sobre o assunto:

> *Tem-se a apreciar numa síntese:*
>
> *a) clareza na abordagem do tema;*
>
> *b) explicitação das causas da escolha do tema e dos objetivos;*
>
> *c) classificação da origem (e/ou contextualização no espaço e no tempo) da proposta;*
>
> *d) situar o objeto da pesquisa (problematização, questões norteadoras);*
>
> *e) estruturação do trabalho coerente com o método científico escolhido.*

DESENVOLVIMENTO: Procurar a objetividade, e manter ao longo do desenvolvimento do texto a coerência, darão trânsito natural às ideias. A preferência por períodos curtos é recomendada, assim como evitar ao máximo a linguagem que tenda para a vulgaridade, e o emprego de pronomes pessoais. Voltando às úteis explanações que o Irmão Breno deixou-nos, no tocante a este item, ele disse o seguinte:

Generalizando no desenvolvimento de uma redação deve-se observar:

a) coerência;

b) consistência;

c) originalidade;

d) objetivação.

Eu gostaria de fazer um acréscimo aqui concernente ao desenvolvimento. Por uma questão lógica, nesta parte alongamo-nos mais, e deixamos a caneta correr com maior liberdade. Cuidado, devemos estar atentos para não cometermos os chamados solecismos, que são aqueles erros que atentam contra a sintaxe, tais como erros de concordância, de regência ou de colocação. Prestando especial atenção, revisando as nossas colocações, socorrendo-nos das ferramentas disponíveis, ou mesmo indagando junto dos nossos Mestres e Orientadores poderemos sanar nossas dúvidas, e estaremos elaborando textos e trabalhos dentro das normas aceitas. Lembre-se, em primeira instância, de que em toda a construção de uma frase e parágrafo onde o fantasma da dúvida resolver se manifestar, ou, ainda, se um possível erro for detectado, não existe nada melhor para consertar isso tudo do que um simples reformular.

CONCLUSÃO: A conclusão é o entendimento definitivo. A resposta para o problema que foi abordado lá na Introdução. Deve ser sintético, relacionar todas as partes, o que faz com que seja também uma espécie de confirmação. Conforme também o parecer do Irmão Breno:

Portanto é essencial à conclusão:

a) síntese do trabalho;

b) principais "achados" e conclusão do tema;

c) contribuição à Maçonaria.

SUBSÍDIOS VÁRIOS

1 – Fazer de início um breve levantamento de tudo o que se está pretendendo escrever, isso ajudará a evitar esquecimentos.
2 – A construção de períodos breves e frases curtas ajudará a concatenar melhor as ideias.
3 – Evitar a repetição das mesmas palavras, situações que podem ser sanadas com uma boa revisão e um bom dicionário do seu lado.
4 – Se você não é poeta, procure não compor rima na prosa, você está escrevendo um texto e não um poema.
5 – Cuide para não usar os pronomes pessoais do caso reto no início das orações, tais como o EU. A flexão verbal bem utilizada cumpre o seu papel de determinar quem fala e de quem se fala.
6 – Não esqueça de que a língua falada é diferente da língua escrita.
7 – Palavras estrangeiras ficam melhor entre aspas.
8 – Em Maçonaria luta-se constantemente contra os "achismos", as "origens fantasiosas", e outras invenções. O ideal sempre é consultar vários autores depois de ter escolhido o tema, pois, com acesso a várias opiniões fica mais difícil cair em armadilhas.
9 – De preferência, eliminar na medida do possível as abreviações, o etc., e as gírias.
10 – Tente não começar o período com gerúndio.

UMA QUALIDADE A SER ALCANÇADA: A CLAREZA

Disse outro grande Mestre, Raimundo Rodrigues, que a clareza é uma virtude estilística, e que é adquirida por aqueles que leem bons autores, observando certas regras e deixando de lado certa maneira de dizer, culpada pela obscuridade do texto. Por outro lado, certos autores defendem o ponto de vista de que é uma questão de simplicidade, de que quanto mais simples, mais exato se é. Naturalidade pode ser a chave. É preciso fugir do ambíguo, e também do supérfluo. É preciso fugir da linguagem arrebicada, muito florida, da adjetivação exagerada. Um texto tem de ser claro, leve e conciso. Exercitar sempre é fundamental.

UMA EXIGÊNCIA A SER RESPEITADA: AS REFERÊNCIAS BIBLIOGRÁFICAS

Recorro agora a um livro clássico que era muito utilizado nos tempos de faculdade, "Metodologia Científica" de A. L. Cervo e P. A. Bervian, e da pág. 131, retiro o que se segue:

> *d) Bibliografia. Deve figurar em todas as pesquisas. Deveria ser elaborada de forma correta, conforme as normas da Associação Brasileira de Normas Técnicas (ABNT). A relação bibliográfica dá seriedade e rigor científico à pesquisa e constitui um chamamento para leituras complementares.*

Do Irmão Wagner Veneziani Costa, transcrevo um trecho de sua autoria disponível na Internet, que diz assim:

> *É lamentável quando nos deparamos com textos publicados, em que o autor deixa de mencionar a referência bibliográfica das citações utilizadas, ou quando o faz de forma incompleta, estando em desacordo com as Normas da Associação Brasileira de Normas Técnicas – ABNT. A NORMA ABNT NBR 6023 – válida a partir de 20/9/02, que estabelece e fixa, no seu Item 7.1.1, a ordem dos elementos a serem incluídos em referências, que são: autor*

(es), título, edição, local, editora e data da publicação. Além disso, o autor estará infringindo pelo menos dois artigos da Lei 9.610, que se refere aos Direitos Autorais. Dessa lei, ressalto partes dos Artigos 46 e 108, que deixam bem clara a obrigatoriedade da informação completa na referência bibliográfica/bibliografia, não podendo ser suprimido nem o nome do autor, nem o título da obra, nem a localidade, nem o nome da editora, nem o ano de publicação da (s) obra (s) utilizada (s) como fonte (s) de consulta ou de citação.

Com estas informações importantíssimas sobre a bibliografia, e com a sabida ausência dela, que se faz notar, às vezes, quando efetuamos a leitura principalmente de artigos e trabalhos publicados em revistas, deixamos um alerta sobre o quanto é necessário cumprirmos as regras da ABNT, fazendo constar ao final dos trabalhos e textos maçônicos tais informações. Finalizando, esperamos que o objetivo do presente texto possa ser alcançado, que é o de contribuir e proporcionar aos Irmãos alguns conselhos e orientações necessárias à elaboração de seus textos e trabalhos.

REFERÊNCIAS BIBLIOGRÁFICAS

ALVES, Derly Halfeld. *Peças de Arquitetura.* V. II. Londrina: "A TROLHA", 2008.

CAMPOS, Tito Alves de. *Instrucional Maçônico – Grau de Aprendiz.* Londrina: "A TROLHA", 2011.

CERVO, A. L. & BERVIAN P. A. *Metodologia Científica.* McGraw-Hill do Brasil, 1981.

FONSECA, Álice Cunio Machado. *Princípios de Redação.* Parma, 1981.

REVISTA "UNIVERSO MAÇÔNICO" – Nº 8 – Ed. Domínio – 2009 – Artigo: "A Construção da Cultura Pessoal", da autoria do Irmão Adriano Camargo Monteiro.

RODRIGUES, Raimundo. *Sutilezas da Arte Real.* Londrina: "A TROLHA", 2003.

TRAUTWEIN, Breno. "Normas para Avaliação de um Texto Maçônico". **CADERNOS DE PESQUISAS 19**. Londrina: "A TROLHA", 2001.

VICTORIA, Luiz A. P. *Pequenos Segredos da Arte de Escrever*. TecnoPrint, 1972.

Um Ponto de Convergência entre a Cabala Judaica e a Maçonaria: o "Tikun Olam"

Todos nós sabemos que a Maçonaria não é uma religião, no entanto, seria um atestado de ignorância, não reconhecermos o quanto a Maçonaria está impregnada nas suas Cerimônias e Rituais, na sua simbologia e na sua filosofia das influências místicas das várias civilizações da antiguidade, sejam provenientes das religiões ou das escolas de mistérios. É bom que tenhamos em mente, o que frisou José Castellani sobre a mística maçônica:

> *Embora a Maçonaria use o misticismo medieval e o de antigas civilizações para armar sua doutrina moral e suas práticas ritualísticas, ela não é, de modo algum, uma ordem mística, já que foi criada como construtora social.*

Ainda aproveitando parte do pensamento de Castellani, ele assim manifestou-se quando de uma introdução para "A Maçonaria e o Misticismo Hebraico":

> *Embora a Maçonaria não seja hebraica, como afirmam muitos autores desavisados, a realidade é que as práticas místicas dos hebreus e judeus começaram a se fazer*

presentes nos trabalhos maçônicos, a partir do século XVIII, após a criação da lenda de Hiram Abi, o lendário construtor do templo de Jerusalém.

Não é intuito meu aprofundar-me aqui na imensa gama de assuntos que envolvem a influência inegável do Judaísmo ou da Mística judaica representada diretamente pela Cabala, assim como os seus desdobramentos todos em diversos Graus Maçônicos. O que pretendo comentar no presente Trabalho, é a expressão "Tikun Olam", notadamente hebraica, a exemplo de tantas outras palavras utilizadas pela Maçonaria. O seu significado no contexto da Cabala Judaica faz com que estabeleçamos uma similaridade com os propósitos maiores da Maçonaria. A expressão "Tikun Olam", é um conceito místico que significa basicamente "consertar o mundo". Provinda do universo cabalístico da Idade Média, é empregada pelos cabalistas para designar a tarefa do homem neste mundo. Mediante pesquisas realizadas em livros que versem sobre a Cabala, ou mesmo sobre as correntes da Mística Judaica, é possível encontrar algumas das variações que existem no que tange ao seu significado, mas, preservando ligações com seu sentido original, é possível ainda citar também: "arranjo ou reparação", "restauração da harmonia", "lutando pela perfeição do mundo", "restituição", e "reintegração do conjunto original". Da Escola de Isaac Luria, um dos grandes cabalistas da Idade Média, vem o conceito de que o "Tikun" (aqui sem o complemento), é caminho para o fim de todas as coisas, e é também o caminho para o começo. A cosmologia teosófica, a doutrina da emergência de todas as coisas a partir de Deus, converte-se no seu oposto, na doutrina da Salvação como volta de todas as coisas ao contato original com Deus. Tudo o que o homem faz reage em algum lugar e de algum modo sobre este complicado processo de "Tikun". Cada acontecimento e cada domínio de existência tem uma face interna e externa, razão pela qual, ensina Luria, os mundos em seu exterior são determinados por atos de religião, pelo cumprimento dos preceitos da Torá e por ações meritórias. Mas, segundo ele, tudo o que é interno nesses mundos depende de ações espirituais, a mais importante das quais é a prece. "De um modo geral, portanto, não somos apenas senhores de nosso próprio destino, e em última instância nós mesmos somos responsáveis pela continuação do Galut (exílio), como também cumprimos uma missão que vai muito além." No livro "Em Busca de Deus", de Pedro Luiz Mangabeira Albernaz, o autor chegou às seguintes conclusões:

> *Segundo a Cabala, a diáspora era absolutamente necessária para que pudessem existir judeus em todas as partes do mundo. Eles realmente se dispersaram por todo o globo terrestre e em todos os lugares contribuíram para o "Tikun Olam", o aperfeiçoamento humano do universo. Da conclusão acima, pode-se extrair a primeira grande analogia com a Maçonaria e os Maçons, e isso remete-nos ao simbolismo contido nas romãs, onde sabemos ali estar implícito: os grãos reunidos em grupo, ou o grande número de sementes, sugerem ao Maçom a sua missão de disseminar a Maçonaria pelo mundo todo, o que a exemplo do "Tikun Olam" é o mesmo que dizer que os Maçons têm a função de contribuírem na sua luta diária para a perfeição do mundo, para a tão necessária restauração de uma harmonia. Talvez por simples casualidade, ou por fortuna é que podemos encontrar na Cabala a expressão "Pardes Rimonim", o que significa Jardim das Romãs. De uma forma mais ampla podemos dizer que o "Tikun" é a necessidade premente do homem estar corrigindo o mundo. Aliás, a Maçonaria busca com os seus ensinamentos exatamente aperfeiçoar o homem, corrigir o homem, para que este, após, venha a corrigir o mundo também.*

Vejamos este extrato da obra de Antônio do Carmo Ferreira intitulada "A Função do Maçom na Sociedade":

> *O Maçom, ao ser Maçom, reconstrói-se. (...) Tornar feliz a humanidade é o desafio permanente. O melhoramento dos costumes, o fomento ao progresso, a exaltação à virtude, o combate à ignorância por ser ela a mãe de todos os vícios, o "amor ao próximo", enfim "a Liberdade, a Igualdade, a Fraternidade", povoam o dia a dia do Maçom em todos os lugares, no exercício de suas funções de construtor social. Na reunião da Loja, ele recebe a sua formação. Mas, na comunidade, é aí que exercita, pelo exemplo ou pela ação, o seu ofício.*

E mais adiante, numa outra citação sua, é possível ouvirmos o eco do que já foi dito com outras palavras acima e ainda dentro do universo da cabala:

> *Não esqueçamos de que o Maçom é um construtor social que labora no sentido da (re)humanização dos humanos, pois "eles precisam aprender a viver como homens", tornando-nos dignos da inigualável comenda: "Imagem e semelhança de Deus", labor, aliás, urgente urgentíssimo.*

BIBLIOGRAFIA

ALBERNAZ, Pedro Luiz Mangabeira. *Em Busca de Deus*. Ágora, 2005.

CASTELLANI, José. *As Origens Históricas da Mística Maçônica*. Londrina: "A TROLHA", 2009.

KESSLER, Edward. *Em que Acreditam os Judeus?* Civilização Brasileira, 2010.

SCHOLEM, Gershom. *A Mística Judaica*. Perspectiva, 1972.

UNTERMAN, Alan. *Dicionário Judaico de Lendas e Tradições*. J. Zahar, 1992.

Anotações

Editora Maçônica
A TROLHA
Redação, Diagramação,
Composição, Revisão, Arte-Final.

Rua Castro Alves, 835 – Jd. Shangri-lá A
Fone: (43) **3337-1982 –** Fax: (43) **3326-0915**
CEP 86070-670 – Londrina – Paraná

Home Page: http://www.atrolha.com.br
E-Mail: redacao@atrolha.com.br